DOMINANDO O VÍCIO

BIBLIOTECA DA SAÚDE PERFEITA

DEEPAK CHOPRA, M. D.

DOMINANDO O VÍCIO

A solução espiritual

Tradução de
CLAUDIA GERPE DUARTE

Rocco

Rio de Janeiro – 1998

Título original
OVERCOMING ADDICTIONS

Tradução publicada com a autorização
da Harmony Books, uma divisão da
Crown Publishers, Inc., New York

Direitos mundiais para a língua portuguesa
reservados com exclusividade à
EDITORA ROCCO LTDA.
Rua Rodrigo Silva, 26 – 5.º andar
20011-040 – Rio de Janeiro, RJ
Tel.: 507-2000 – Fax: 507-2244

Printed in Brazil / Impresso no Brasil

preparação de originais
JOÃO CAETANO

CIP-Brasil. Catalogação-na-fonte
Sindicato Nacional dos Editores de Livros, RJ.

C476d — Chopra, Deepak
Dominando o vício: a solução espiritual / Deepak Chopra; tradução de Claudia Gerpe Duarte. — Rio de Janeiro : Rocco, 1998
.— (Arco do Tempo)

Tradução de: Overcoming addictions
"Biblioteca da saúde perfeita"
Inclui bibliografia
ISBN 85-325-0835-9

1. Vícios. 2. Vícios – Tratamento. 3. Técnicas de auto-ajuda. I. Título. II. Série.

98-0137 — CDD – 613.8
CDU – 613.8

SUMÁRIO

PRIMEIRA PARTE

O SIGNIFICADO DO VÍCIO

1

O BUSCADOR MAL-ORIENTADO

Acredito que o vício e suas conseqüências representem os mais sérios problemas de saúde hoje enfrentados pela sociedade. A doença cardiovascular, os problemas respiratórios como o enfisema, muitas formas de câncer e a AIDS são apenas algumas das enfermidades que têm origem, direta ou indiretamente, no vício. Por conseguinte, este pequeno livro é uma tentativa de abordar um problema extremamente amplo e complexo em um espaço bastante limitado. À primeira vista, essa poderá parecer uma tarefa extremamente difícil. Pode até parecer presunçoso tentar lidar com a imensa complexidade do vício em pouco mais de cem páginas. Acredito, no entanto, que um pequeno livro como este pode representar um grande benefício para milhões de pessoas que se esforçam para enfrentar os comportamentos de vício em sua vida, bem como para outros milhões de familiares ou entes queridos que tentam ajudá-las a encontrar uma solução para esses problemas.

Com efeito, mesmo quando reconheço a vasta amplitude das dificuldades da nossa sociedade com relação ao vício, sinto-me bastante otimista e animado ao começar a escrever este livro. A razão é bastante simples: apesar de estarmos discutindo nestas páginas uma verdadeira dor física e emocional, este será essencialmente um livro a respeito da saúde e da alegria, do prazer e da abundância, do amor e da esperança.

Acredito, até certo ponto, que a orientação positiva que estarei sugerindo é pouco convencional. Grande parte do nosso esforço de abordar o vício está impregnado de raiva, conflito e desespero. Algumas vezes isso é articulado bem explicitamente, em frases como "a guerra contra as drogas", ou em "histórias de conflito" sobre carreiras arruinadas e vidas despedaçadas pelos comportamentos de vício. Em outras ocasiões, a orientação negativa se expressa menos diretamente, como pode ser visto na decoração fria de muitos centros de tratamento nos quais os pacientes lidam com seus problemas sentados em um círculo de cadeiras de plástico em uma sala com chão de linóleo e iluminada com luz fluorescente.

Medo do passado, medo do futuro, medo de usar o momento presente para vivenciar uma verdadeira alegria – tantos medos assombram as maneiras pelas quais mergulhamos nos comportamentos de vício. O medo também faz parte de muitos programas de tratamento do vício. No entanto, na minha opinião, no caso da maioria das pessoas, uma abordagem baseada no medo não pode ser bem-sucedida durante um longo período de tempo. Por conseguinte, pretendo propor aqui uma visão bastante diferente do vício, do que ele representa e das pessoas que a ele sucumbem.

Vejo o viciado como um buscador mal-orientado. O viciado é uma pessoa em busca do prazer, talvez até mesmo de uma espécie de experiência transcendente – e, quero enfatizar, que esse tipo de busca é extremamente positiva. O viciado procura nos lugares errados, mas ele está em busca de algo extremamente importante, e não podemos nos dar ao luxo de desconsiderar o significado dessa busca. Inicialmente, pelo menos, o viciado espera experimentar uma coisa maravilhosa, algo que transcenda uma realidade cotidiana insatisfatória ou até mesmo intolerável. Não há por que sentir vergonha desse impulso. Pelo contrário, ele fornece a base para a verdadeira esperança e autêntica transformação.

Sinto-me tentado a avançar ainda mais nesta caracterização do viciado como um buscador. No meu ponto de vista, a pessoa que nunca sentiu a atração do comportamento de vício é alguém que não deu o primeiro passo inseguro em direção à descoberta do verdadeiro significado do Espírito. Talvez não devamos nos orgulhar do vício, mas ele representa a aspiração em direção a um nível mais elevado de experiência. E embora essa aspiração não possa fundamentalmente ser alcançada através de substâncias químicas ou comportamentos compulsivos, a tentativa em si sugere a presença de uma natureza genuinamente espiritual.

O Ayurveda, a tradicional ciência da saúde, ensina que existe dentro de cada um de nós uma memória da perfeição. Ela está gravada em cada uma de nossas células. Essa memória não pode ser apagada, mas pode ser coberta por todo tipo de toxinas e impurezas. Nossa verdadeira tarefa ao lidar com o vício não repousa tanto em salientar os efeitos destrutivos dos comportamentos de vício e sim em redespertar a consciência da perfeição que sempre reside dentro de nós. Quando menino, li *Paradise Lost*, e ele é sem dúvida um dos maiores poemas da língua inglesa. Mas aprendi que nosso paraíso interior nunca pode ser realmente perdido. Podemos perdê-lo de vista, mas ele está sempre ao nosso alcance.

Sempre achei que a música é a forma de arte que melhor pode nos colocar em contato com essa perfeição interior. Embora possa sem dúvida ser apreciada intelectualmente e, até mesmo, como uma espécie de matemática, a música também nos absorve em um nível que é de certo modo mais profundo do que nossos processos conscientes de pensamento. Podemos experimentar esse estado ouvindo música e, talvez, de uma maneira mais completa, tocando-a. Sempre que vou a um concerto ou a um recital, fico impressionado com o óbvio efeito da música sobre os músicos. Eles vivenciam uma espécie de êxtase. Os músicos que realmente se envolvem em uma representação entram em uma diferente realidade, e exibem uma experiência nem um pouco autoconsciente de prazer e alegria. É fascinante e inspirador observar essa experiência, e ela é certamente uma aspiração meritória para sua vida.

Com relação a isso, lembro-me de ter lido um relato da vida de Charlie Parker, o músico extremamente talentoso que dominou o mundo do jazz na cidade de Nova York na década de 1940 e no início da de 1950. Em seus melhores momentos, suas improvisações no saxofone não eram apenas surpreendentemente rápidas e imaginativas; elas encerravam uma lógica e unidade coerentes. Os músicos mais jovens que idolatravam Parker estavam dispostos a fazer qualquer coisa para tocar da maneira como ele tocava, mas a habilidade musical dele parecia quase sobre-humana. Qual era o segredo de ser capaz de tocar daquela maneira, de penetrar no espaço privilegiado que ele tão claramente habitava quando tocava?

A verdade é que além de um grande músico Charlie Parker também era viciado em heroína. Embora seus melhores solos tivessem lugar quando ele não estava usando drogas, passou a ser moda em toda uma geração de músicos de jazz usar heroína, e eles faziam isso porque estavam tentando imitar seu ídolo. A aspiração era compreensível e até mesmo admirável: eles queriam participar do tipo de experiência transcendente pela qual viram outra pessoa passar. Mas os resultados foram desastrosos para muitas pessoas talentosas. A heroína demonstrou ser, para essas pessoas, uma resposta inadequada, destrutiva e falsa para o propósito fundamental da vida delas, que era se tornarem grandes músicos. Esperavam encontrar um atalho para o paraíso, mas depararam, em vez disso, com um desvio bastante acentuado em seus propósitos.

Este é um ponto extremamente crucial a respeito do vício, quer ele envolva as drogas, a comida, o álcool, o fumo, o jogo, as novelas de televisão ou qualquer uma das milhares de tentações que se apresentam diariamente em nossa vida. O vício começa quando procuramos a coisa certa no lugar errado. Como deixa claro o psicólogo junguiano Robert Johnson em seu brilhante livro *Ecstasy,* o vício nada mais é do que um substituto gravemente degradante para a verdadeira experiência da alegria.

2

ALIMENTANDO O ESPÍRITO

Nem só de pão vive o homem.

Esta conhecida metáfora aparece tanto no Antigo quanto no Novo Testamento, e não é difícil compreender seu significado. Explico, simplesmente, que temos outras necessidades na vida além da satisfação das nossas necessidades materiais. Mas é importante observar a forma enfática como essa metáfora é expressa. A satisfação espiritual é apresentada como uma necessidade fundamental da vida, comparável à necessidade de comida. Quase todas as outras religiões e tradições espirituais disseram a mesma coisa: precisamos "alimentar a alma" a fim de sobreviver.

Na minha opinião, isso é literalmente verdadeiro. O estado da nossa vida espiritual afeta diretamente o funcionamento do nosso corpo, inclusive o metabolismo, a digestão, a respiração e todas as outras atividades fisiológicas. Não obstante, freqüentemente ignoramos ou interpretamos erroneamente nossas necessidades espirituais. Existem indícios de que isso está começando a mudar, e que uma nova consciência de valores espirituais está começando a se desenvolver, mas nossa tendência materialista, há muito existente, teve importantes conseqüências que estão estreitamente relacionadas com a prevalência dos comportamentos de vício na sociedade moderna.

Como não reconhecemos suficientemente a necessidade da realização espiritual, não deve causar surpresa o fato de muitas pessoas terem interpretado mal as verdadeiras necessidades do espírito humano. Elas descobriram uma grande variedade de atividades hiperestimulantes e um igual número de substitutos dessensibilizantes para a "coisa verdadeira" – a experiência verdadeiramente profunda que Robert Johnson chama de *êxtase.*

Isso é trágico, porque precisamos do êxtase. Precisamos dele da mesma maneira fundamental com que precisamos de comida, água e ar, mas essa necessidade humana básica praticamente não tem sido reconhecida na sociedade ocidental contemporânea. Nos últimos trinta anos temos feito um grande progresso no reconhecimento da deterioração que vem ocorrendo no nosso ambiente físico, bem como na reversão dessa tendência. Ao mesmo tempo, porém, estamos longe de reconhecer nossas necessidades espirituais com o mesmo fervor. Percebo o problema dos comportamentos de vício como um resultado direto dessa omissão fundamental.

Em todas as culturas e em todas as épocas da história, os seres humanos sentiram a necessidade da experiência extática – de um tipo de alegria que transcende a realidade cotidiana. As diferentes culturas tentaram satisfazer essa necessidade de muitas maneiras diferentes, e algumas tiveram maior orientação espiritual do que outras. No século XIX, o romancista russo Fiodor Dostoievski afirmou que as pessoas precisam de três experiências de sua sociedade a fim de ficarem satisfeitas – os milagres, o mistério e a orientação espiritual – e que essas três experiências são muito mais importantes para elas do que a satisfação da suas necessidades materiais. Talvez o viciado acredite que ele pode ter acesso aos milagres e ao mistério através do vício, e essa perspectiva se torna ainda mais sedutora na ausência de uma orientação para o espírito. Em vez de encarar os viciados simplesmente como seres humanos fracos ou até mesmo criminosos, prefiro vê-los como pessoas que estão reagindo de modo destrutivo, porém compreensivelmente, ao vácuo espiritual que existe em meio à nossa abundância material.

Todos sentimos os efeitos desse vácuo espiritual. Dependendo de quem somos e das circunstâncias nas quais nos encontramos, podemos reagir a esse vazio de muitas maneiras diferentes. Mas é importante reconhecer que, na nossa sociedade, um grande número de reações a anseios essencialmente espirituais assumem uma forma material.

Lembro-me de um amigo, que ainda jovem, alcançou um grande sucesso nos negócios. Aos quarenta e poucos anos, possuía recursos que lhe permitiam fazer ou ter virtualmente qualquer coisa que desejasse. Queria algo, mas não sabia exatamente o que era. De qualquer modo, comprou uma casa de verão à beira de um lago. Comprou, também, um dispendioso veículo com tração nas quatro rodas para ir até a casa e, para ter o que fazer, comprou um barco. Adquiriu ainda um telefone celular para acompanhar seus negócios tanto do barco, quanto do carro. Esta é uma história bastante familiar que tem tido lugar muitas vezes na vida de indivíduos bem-sucedidos, e não existe realmente um fim para ela. Depois de comprar a casa, o carro, o barco e o telefone, meu amigo não estava nem um pouco mais perto de se sentir realizado do que estava no início. Aliás, estava se sentindo um pouco mais deprimido, e as conseqüências a longo prazo do processo dele ainda estão para acontecer. O barco, por exemplo, está demonstrando ser um lugar bastante conveniente para ele beber bastante.

Talvez, ao meu amigo, por ser uma pessoa rica, com uma personalidade fundamentalmente forte, sua orgia consumista não provocou até agora nenhum dano verdadeiro. Mas uma pessoa com menos recursos financeiros, ou talvez alguém com uma personalidade diferente, mais vulnerável, possivelmente encontrasse escapes mais autodestrutivos para um anseio espiritual não reconhecido. O álcool, as drogas e o comportamento sexual perigoso são essencialmente reações materiais a uma necessidade que não possui realmente uma base física. Mas se nunca aprendemos onde procurar a verdadeira alegria, em vez de meras sensações, não é de causar surpresa que não a encontremos.

Em seu livro, *1939: The Lost World of the Fair*, o cientista de computação David Gelernter usa a New York World's Fair como ponto de partida para uma análise da sociedade contemporânea. Ele tira algumas conclusões que considero bastante claras e convincentes. Essa feira mundial, que teve lugar no final da Grande Depressão e pouco antes da Segunda Guerra Mundial, ofereceu uma visão do futuro que na época deve ter dado a impressão, para algumas pessoas, de estar quase além da imaginação. Um dia, sugeria a feira, todo mundo teria um carro. E mais ainda, todo mundo teria uma garagem para guardá-lo. Haveria casas a um custo razoável, refrigeradores elétricos e até mesmo aparelhos de televisão para todos. Gelernter explica como essa visão aparentemente impossível energizou a sociedade americana durante os anos da guerra e o período de prosperidade que se seguiu. E, pouco a pouco, o que parecia ser um ideal inatingível começou a ser a maneira como muitas pessoas realmente passaram a viver. Mas, à medida que o sucesso ia sendo alcançado na satisfação das necessidades materiais do indivíduo, uma redução no número de *coisas* pelas quais deveria lutar necessariamente teve lugar. Como aquilo que esperávamos e nos esforçávamos por obter eram *coisas*, cada vez que uma meta material era atingida, havia menos esperança e um propósito cada vez menor.

Hoje estamos vivendo o sonho que nos inspirou há meio século. Talvez, para muitos americanos, esse sonho tenha se transformado em um sonho infeliz porque ele foi construído para o que precisávamos naquela época. Agora que esse sonho se transformou em realidade para muitos de nós, temos necessidade de uma coisa qualitativamente diferente. Precisamos de algo mais.

Para milhões de pessoas que ainda não alcançaram o sucesso material que associamos aos Estados Unidos de hoje, a situação é ainda mais complicada. O comportamento de vício certamente predomina mais entre os pobres do que entre os segmentos mais afluentes da sociedade, e seus efeitos são bem mais destrutivos entre as pessoas com poucos recursos sociais e pessoais. Se eu disser às pessoas que se sentem excluídas do sucesso material que elas devem reconhecer suas necessidades espirituais, estarei levantando algumas questões difíceis. Alguém poderia perguntar, por exemplo, se isso não é como dizer a uma criança que ser um adulto não é uma coisa tão excitante quanto parece. As crianças querem descobrir isso sozinhas! No entanto, acredito que a consciência e a realização do Espírito é essencial para todas as pessoas do mundo, independentemente do lugar que elas ocupam atualmente na sociedade, e acredito ainda que essa consciência é a única resposta verdadeira e permanente para os comportamentos de vício. Tentei mostrar nas páginas que se seguem que a realização espiritual está disponível para todas as pessoas, independentemente da história pessoal ou dos recursos materiais de cada uma. É claro que as circunstâncias individuais irão certamente influenciar e iluminar o caminho que você deve seguir no desenvolvimento da sua espiritualidade. Com efeito, um dos pontos mais fortes do Ayurveda é sua flexibilidade ao servir às necessidades únicas de cada indivíduo.

Espero que o subtítulo deste livro enfatize a profundidade de meus sentimentos a respeito do tema do vício. Escolhi o nome *A Solução Espiritual* por acreditar que ela é realmente a resposta. Discutirei mais detalhadamente no Capítulo 3 *por que* acredito que isso seja verdade, e, nos capítulos subseqüentes, vamos explorar *como* você pode colocar em ação *A Solução Espiritual* na sua vida do dia a dia.

3

AÇÃO, MEMÓRIA, DESEJO

Sempre que quero compreender o significado da admiração e da alegria, me vem à mente uma tarde bela e radiante em que fui dar um passeio com a filha do meu vizinho, uma menina de três anos de idade.

Embora nossa caminhada tenha sido apenas uma volta no quarteirão de um bairro residencial agradável, porém comum, ela durou quase uma hora. Praticamente tudo que vimos ou ouvimos foi uma alegre descoberta, e uma ocasião para uma animada conversa. Paramos repetidamente para olhar para os carros estacionados na rua. Minha jovem amiga falava animadamente sobre a cor, o tamanho e a forma dos carros, e até insistia em tocar cada um deles. Ela dedicava a mesma atenção extasiada às flores que cresciam nos gramados por onde passávamos e ao som distante da sirene de um carro do corpo de bombeiros. Quando um avião passou por cima de nós, paramos imediatamente e ficamos olhando para o céu até o avião se tornar apenas um ponto distante. E é claro que também acenamos.

Havia algumas coisas importantes a serem aprendidas durante esse passeio em volta do quarteirão. Era evidente que o prazer da menina não se originava realmente de nenhuma das coisas que encontrávamos. As visões, os sons e os objetos eram apenas oportunidades para que ela expressasse um sentimento que *já estava presente dentro dela.* O sentimento não era proveniente de nada existente no mundo exterior; em vez disso, ele se projetava no mundo a partir do coração e da alma da menina. Para mim, alegria é a palavra que melhor descreve esse estado de prazer gerado por si mesmo.

A maioria das pessoas, ou pelo menos a maioria dos adultos, não sente alegria sempre que dá um passeio ao redor do quarteirão, e existem boas razões para isso. As crianças vivem em um mundo de pura contemplação. Para elas, as visões, os sons e os objetos existem para que elas brinquem com eles ou para serem desfrutados, e não usados. Mas a vida de um adulto é dominada por responsabilidades. Ao dar um passeio em um dia de sol, vivenciamos o mundo que nos cerca como um pasticho de cores e texturas, enquanto nossa mente permanece concentrada nos problemas que nos parecem mais prementes no momento. Não importa o nome que queiramos dar a esse nível de experiência, claramente ele não é alegria.

Suponhamos, porém, que o adulto preocupado, ao caminhar com os olhos pregados na calçada, depare, de repente, com algo completamente inesperado. Uma nota de cem reais! O efeito é quase mágico! As preocupações que pareciam até esse momento tão prementes desaparecem de repente, pelo menos por um instante, diante desse impressionante golpe de sorte. Se isso acontece com você, uma lista de coisas que você faria com a nota de cem reais rapidamente desfilaria diante de seus olhos. Talvez você não encarasse esse fato como uma experiência que iria transformar sua vida, mas você quase certamente o consideraria algo muito bom – e seu estado de espírito sofreria uma mudança dramática. O que você sentiria? Estou certo de que uma palavra surge instantaneamente na mente. Você sentiria *felicidade.*

Achar uma nota de cem reais o faz feliz. O dinheiro é um motivo externo, e a felicidade um resultado interno. A alegria, ao contrário, pode ser descrita como felicidade sem nenhum motivo. A alegria é uma condição interior preexistente que determina como vivenciamos o mundo. A alegria é uma causa, ao passo que a felicidade é um efeito.

Não estou sugerindo que nós, adultos, devamos sempre tentar experimentar a vida como se fôssemos crianças, mas devemos sempre permanecer conscientes do estado alegre que já foi nosso. Ele ainda está disponível para nós, embora seja freqüentemente confundido com a experiência bastante diferente que eu chamei de felicidade. Esta última é algo que procuramos, que tentamos alcançar, talvez até lutemos por atingir. A felicidade é algo que tentamos comprar. A alegria é algo que somos.

As pessoas procuram evitar a dor e sentir prazer, e elas aceitarão o prazer em qualquer forma que ele pareça estar disponível. Se perdemos o contato com nossas fontes internas de alegria, se a felicidade que se origina fora de nós mesmos é a única que conhecemos, então essa é a experiência que iremos buscar para nós. Dependendo das nossas circunstâncias, esse empreendimento pode ser extremamente positivo e proveitoso. Lamentavelmente, ele também pode se manifestar como o vício em suas múltiplas formas.

Vou substituir a história da nota de cem reais por outras possibilidades. Suponhamos que em vez de encontrar dinheiro, um jovem que vive em um mundo de dor e violência depare com uma substância que o transporte instantaneamente para uma experiência de vida completamente diferente, mesmo que por um curto espaço de tempo. Imagine que outro jovem, atolado em sua carreira e sentindo a pressão financeira da vida familiar, se sinta mais relaxado se ficar acordado depois que sua esposa for dormir e beba uma cerveja – e se sinta ainda melhor se beber uma dúzia delas. Uma terceira pessoa poderá encontrar esse tipo de escape na lista interminável de substâncias e comportamentos que levam ao vício. Seja qual for a experiência, se ela proporcionar prazer, o desejo de repeti-la naturalmente ocorrerá. Essa repetição é uma escolha, pelo menos inicialmente. Mais tarde, quando o vício já tiver realmente se instalado na vida da pessoa, ele se transforma em uma necessidade, e até mesmo em uma compulsão.

O Ayurveda identifica claramente os mecanismos psicológicos e fisiológicos que estivemos discutindo aqui. Sempre que praticamos uma ação, seja apanhar um lápis ou navegar nas corredeiras em um bote inflável, registramos essa ação internamente em um espectro de experiências que encerra uma dor intensa em uma das extremidades e um extremo prazer na outra. Tão logo a ação é completada, ela continua a existir na nossa mente – bem como no nosso corpo – como uma lembrança rotulada de dor ou prazer com uma intensidade particular. Se a graduação da "dor" for suficientemente forte, faremos tudo que estiver ao nosso alcance para evitar repetir a ação. Mas se a ação proporcionou um grande prazer, tentaremos, com a mesma intensidade, praticar novamente essa ação.

A palavra sanscrítica *karma* significa ação. Ela pode se referir a uma atividade física ou a um processo mental como um pensamento ou uma emoção. Cada ação contém as sementes da memória, que são chamadas de *sanskara* em sânscrito, e as sementes do desejo, que são conhecidas como *vasana.* A diferença entre esses dois conceitos é essencialmente que um olha para trás e o outro para a frente. Se a memória de uma ação é prazerosa, ela engendra o desejo de praticar uma nova ação que seja pelo menos tão agradável quanto a original. Talvez a nova ação simplesmente duplique a anterior, ou talvez ela vise a obtenção de um prazer ainda maior.

A verdade essencial desse paradigma tem sido reconhecida até mesmo nas tradições filosóficas bem afastadas das indianas. O escritor francês Honoré de Balzac observou que na vida de certas pessoas altamente emocionais – ele estava se referindo especificamente a jogadores e amantes – existe sempre uma experiência máxima que passa a dominar todas as ações futuras enquanto o indivíduo se esforça por recriar a simulação extrema desse momento único. Talvez sem percebê-lo, Balzac estava oferecendo uma perfeita descrição do comportamento de vício, visto que o jogo e o sexo compulsivos são dois dos vícios mais bem documentados.

O Ayurveda enfatiza que depois de praticarmos uma ação específica, ela é permanentemente gravada no nosso ser, junto com seus componentes igualmente duradouros da memória e do desejo. Para tudo que dizemos, fazemos ou mesmo pensamos, uma tríade ação-memória-desejo é codificada em nossas células, e esse código simplesmente não pode ser apagado.

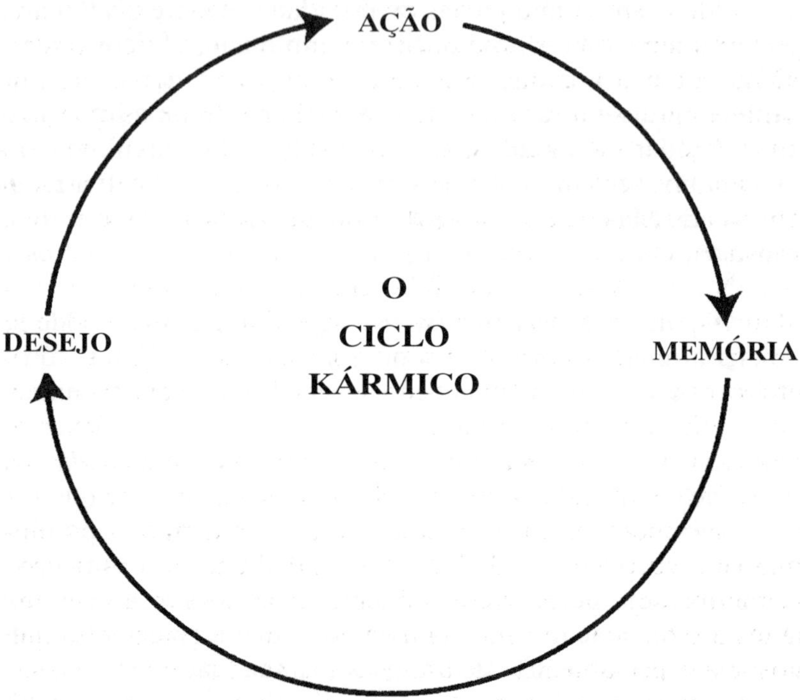

Isso tem enormes implicações para a abordagem ao vício que será oferecida neste livro. Não iremos tentar "nos livrar" das memórias e desejos subjacentes ao comportamento de vício. Em vez disso, iremos nos concentrar em criar sentimentos novos e altamente positivos que ofusquem os impulsos destrutivos do vício e os tornem impotentes.

Talvez a melhor maneira de ilustrar esse aspecto seja através de uma experiência que eu tive com uma paciente há alguns anos em nosso centro de tratamento para pacientes internos. Creio que a história dessa moça ilustra a eficácia de uma abordagem positiva ao vício destinada a se adequar a necessidades individuais. Minha paciente tinha dezessete anos e vou chamá-la de Ellen.

Ellen estava com graves problemas de saúde quando a vi pela primeira vez, mas logo ficou claro que eles eram provenientes do uso de drogas e de outros comportamentos autodestrutivos que dominavam a vida da paciente desde os quatorze anos. Colocando as coisas de uma maneira simples, Ellen era viciada em heroína, e em decorrência disso, se envolvera em outras atividades perigosas e destrutivas, inclusive o roubo e a prostituição.

No início, decidi não falar com Ellen a respeito de nenhum de seus comportamentos de vício. Ela já estivera falando a respeito deles com um número suficiente de pessoas. Com efeito, quase todos os minutos da vida de Ellen giravam em torno do vício, de uma maneira ou de outra, seja sob a forma de participação ou de intervenção terapêutica. Até então, todos os tipos de tratamento não tinham obtido nenhum sucesso.

"No momento, não vamos discutir nenhum dos problemas que você vem tendo", sugeri a Ellen em um dos nossos primeiros encontros. "Vamos falar a respeito do que você fez antes disso. Quando você era menina, havia alguma coisa que gostava especialmente de fazer? O que você realmente ansiava por fazer naqueles dias? Em que estava mais interessada?"

Ellen pensou por um momento, como se estivesse tentando se lembrar de uma data da história da antigüidade em vez de eventos da sua própria vida ocorridos apenas dois ou três anos antes. "Bem", disse ela, "lembro-me de que eu adorava andar a cavalo. Mas não consigo nem mesmo imaginar montar em um cavalo agora. Nem mesmo sei se eu conseguiria fazer isso agora sem levar um tombo. Eu era realmente uma pessoa diferente naquela época."

Olhando para Ellen, pude perceber por que ela se sentia daquela maneira. Parecia ansiosa, cansada e subnutrida. Uma espessa camada de problemas mentais, físicos e emocionais a isolavam do mundo exterior, e até mesmo das suas verdadeiras necessidades e sentimentos. Assim sendo, o primeiro objetivo do seu tratamento foi remover essa barreira. Sugeri a Ellen que executasse o procedimento de purificação ayurvédico constituído de cinco partes conhecido como *Panchakarma*.

Depois de alguma discussão, Ellen concordou – e como todo mundo que vivencia o Panchakarma, ela se sentiu quase como se tivesse "renascido" em decorrência dele. O Ayurveda vê a mente e o corpo como elementos de uma única unidade. À medida que o corpo de Ellen era purificado no nível celular mais fundamental, suas emoções e seu espírito também eram limpos e restaurados. Não existe nada de misterioso ou milagroso com relação ao Panchakarma, mas o efeito é definitivamente bastante dramático. As barreiras químicas e emocionais que vinham obscurecendo o verdadeiro eu de Ellen começavam a ser removidas.

Depois de Ellen descansar durante alguns dias após esses procedimentos de purificação, cheguei à conclusão de que estava na hora de abordar mais diretamente o problema do seu vício. Fomos andar efetivamente a cavalo, apesar dos receios que ela manifestara antes. E, como eu sabia que iria acontecer, Ellen adorou o passeio. A partir de uma perspectiva ayurvédica, isso foi tremendamente importante, porque o ato de andar a cavalo reacendeu uma seqüência ação-memória-desejo específica que certa vez desempenhara uma parte positiva na vida de Ellen. Eu estava convencido de que essa seqüência poderia representar novamente uma influência positiva.

Quando voltamos do passeio, perguntei a Ellen como estava se sentindo. Queria que ela revivesse a experiência que acabava de ter enquanto a descrevia para mim. Ellen estava surpresa e satisfeita por ter se divertido tanto ao praticar uma atividade que, supunha, não mais estar disponível para ela. Sugeri, então, que fôssemos um instante para meu consultório, pois havia algo que eu queria discutir com ela.

– Gostaria que me contasse tudo que você vivencia quando injeta drogas em si mesma – disse-lhe. – Tudo, do começo ao fim. Por favor descreva exatamente como é feito todo o processo, e exatamente o que você sente.

– Você quer dizer, como é ficar alucinada, e depois voltar ao normal? – perguntou Ellen.

– Não, porque esse é apenas o resultado final. Comece pelo início. Conte-me como a seringa se parece, e qual a sensação de tê-la na mão. Diga-me como a agulha se parece, e que tipo de sensação você sente quando a enfia no braço. Se você sentir prazer em alguma coisa, tente descrevê-la para mim, e se sentir dor ou tristeza, fale-me também a respeito disso. Fale a respeito do cheiro que você sente quando usa drogas, e do tipo de som que a seringa faz quando você empurra o êmbolo. Você sente um gosto particular, ou sua boca fica especialmente seca? Tente narrar todo o evento para mim em sua imaginação.

Eu tinha várias razões para pedir a Ellen que fizesse isso, mas o mais importante era que se tratava de um exercício de *alertar a mente.* No Ayurveda, ter a mente alerta significa estar totalmente consciente do momento presente. Focaliza a atenção em todos os sentidos e experimenta plenamente o que o corpo está lhe dizendo quando você se envolve em uma atividade particular. Ellen não estava acostumada a ter a mente alerta quando injetava drogas. Isso era algo que ela aprendera a fazer automaticamente, como uma máquina, e a névoa que rapidamente a envolvia quando a droga fazia efeito obscurecia ainda mais a verdadeira mecânica da experiência. Era realmente um esforço para Ellen, tanto emocional quanto intelectualmente, narrar o processo para mim, mas eu queria que ela fosse explícita com relação ao que estava envolvido. Quando ela terminou sua descrição detalhada, senti que a experiência fora mais clara para ela – mais real, mais consciente – do que teria sido se ela tivesse efetivamente enchido uma seringa e enfiado a agulha no braço, como fizera tantas vezes antes.

"Agora, exatamente como você me contou com detalhes sua experiência de injetar drogas, gostaria que você me falasse sobre sua experiência quando saímos para andar a cavalo esta tarde. Mais uma vez, recorra a todos seus pensamentos e a todos seus sentidos. Como você se sentiu ao ver hoje o cavalo pela primeira vez? O que você sentiu ao colocar o pé no estribo? Qual a sensação do contato com a sela? Qual o som do casco dos cavalos sobre a grama? Que emoções você sentiu em diferentes pontos do passeio? Conduza-me através da sua experiência, do começo ao fim."

Foi realmente bem mais fácil para Ellen fazer essa segunda descrição, e não apenas porque os eventos haviam acontecido tão recentemente. Isso aconteceu porque ela havia *experimentado plenamente* o passeio a cavalo. Sua mente e seu corpo estavam livres do entorpecimento que havia tomado conta dela nos três anos anteriores. Todas as coisas relacionadas com o passeio a cavalo haviam sido vívidas e repletas de alegria para essa jovem, e a descrição que ela fez do passeio deixou transparecer o mesmo sentimento.

– Agora você tem que escolher entre essas duas experiências, disse a Ellen, como você acabou de passá-las para mim de uma forma clara e consciente, sei que você é capaz de tomar uma decisão bem informada. É claro que me sinto tentado a fazer um comentário moral a respeito da diferença entre injetar heroína e andar a cavalo, mas vou resistir a essa tentação, porque não creio que ela possa gerar qualquer benefício. Vou apenas salientar que as visões, os sons, as texturas, os pensamentos e os sentimentos que você experimentou esta tarde não estarão disponíveis para você – será literalmente impossível vivenciá-los – se você escolher usar as drogas, completei.

Estou feliz por poder dizer que Ellen escolheu se afastar das drogas e que ela teve a força de vontade de permanecer fiel a essa decisão. Acredito que a abordagem que adotei com relação a Ellen envolvia um certo risco, mas também acredito que ela foi bem-sucedida exatamente por esse motivo. Não pedi a Ellen que negasse o prazer que ela sentia quando usava heroína. Pelo contrário, insisti com ela em que concentrasse fortemente a atenção nessas sensações enquanto conversávamos – mas também pedi a ela que se conscientizasse da dor associada ao uso das drogas. O passeio a cavalo, por outro lado, foi pura alegria. Foi algo que ela apreciara antes de ter tido problemas, e a memória redespertada desse nível mais elevado de prazer foi capaz de sobrepujar o prazer de qualidade relativamente inferior relacionado com o uso das drogas. Quando o viciado passa a ter acesso a uma forma mais profunda de satisfação do que a que é possível através de um comportamento autodestrutivo, o caminho que irá afastá-lo do vício naturalmente se revelará. A memória da perfeição interior, uma vez redespertada, gera um desejo mais forte do que o vício em si.

A abordagem ao vício que funcionou com Ellen poderia ser considerada como tendo uma "base de prazer", ou talvez como a "mente alerta com uma ênfase no prazer". Mas é melhor pensar nela simplesmente como *espiritual*. Acho que essa abordagem pode ser bem-sucedida com um grande número de pessoas, embora o processo envolva, algumas vezes, alguns passos adicionais. Ellen, apesar do que acontecera com ela, pôde recorrer à experiência da alegria que lhe estava disponível. Tão logo as lembranças e os desejos positivos se apresentaram diante dela, eles se tornaram forças poderosas para sua recuperação. Suponhamos, porém, que Ellen tivesse simplesmente me olhado confusa quando eu lhe perguntei o que ela realmente apreciara antes de se envolver com drogas.

Existe um grande número de pessoas cuja vida nunca encerrou o tipo de momentos positivos que Ellen foi capaz de usar como um recurso de cura. Ou talvez esses momentos tenham sido de tal maneira encobertos que não podem mais ser reativados com alguns passeios em tardes agradáveis e ensolaradas. É preciso que você conheça a experiência do verdadeiro prazer para poder renunciar às sensações dos comportamentos de vício. E o primeiro passo em direção ao conhecimento da alegria é simplesmente conhecer a si mesmo. Uma das maiores contribuições do Ayurveda é a maneira pela qual ele acomoda a absoluta singularidade de cada ser humano ao mesmo tempo em que fornece categorias de tipos mente/corpo que nos permitem compreender as necessidades e características individuais de uma forma altamente prática.

No próximo capítulo, você terá a oportunidade de identificar seu tipo corpo/mente no sistema ayurvédico, e, mais adiante no livro, você aprenderá como esse conhecimento pode ser utilizado para criar o bem-estar mental, físico e espiritual – ou, em uma única palavra, *alegria*.

4

DESCOBRINDO SEU TIPO MENTE/CORPO

O Ayurveda é o sistema voltado para a preservação da saúde e para a prevenção e eliminação da doença mais antigo do mundo. Suas origens datam de 2500 a.C., e ele já existia há séculos quando Hipócrates e os outros médicos gregos primitivos fizeram seu trabalho. Com efeito, eles foram provavelmente influenciados pelas idéias da medicina indiana que haviam sido levadas para a Europa através de rotas bastante desenvolvidas vindas do oriente. Hoje em dia, quando começamos a perceber os limites do que pode ser alcançado ao utilizarmos uma visão puramente mecanicista do corpo, os poderosos *insights* do Ayurveda e de outros sistemas tradicionais de cuidados com a saúde estão novamente adquirindo uma grande importância no Ocidente.

Talvez a idéia mais importante de todo o sistema ayurvédico seja o princípio de que precisamos conhecer o paciente antes de podermos compreender e controlar a doença. Esse *insight* que tem sido compartilhado por curadores de diferentes tradições é, às vezes, negligenciado nos cuidados contemporâneos com a saúde, onde o mero número de pacientes e a confiança depositada em medicamentos receitados em ampla escala podem afastar o foco principal das necessidades individuais. Objetivando realmente conhecermos o estado de qualquer ser humano, precisamos estar conscientes da sua estrutura mental, emocional e até mesmo espiritual, bem como da sua altura, peso, pressão sangüínea e todos os outros indícios fisiológicos nos quais a medicina moderna geralmente se apóia. O Ayurveda ensina que é até mesmo pouco sensato estabelecer uma distinção acentuada entre a mente e o corpo: estes são apenas elementos da totalidade única que compõe qualquer ser humano. Quando lidamos com o vício, a ligação íntima entre a mente e o corpo se torna particularmente importante. Neste caso, o pensamento ou desejo de uma ação é claramente a verdadeira fonte do problema. A noção de uma separação rígida entre um estado emocional e uma doença física é virtualmente inútil quando lidamos com os comportamentos de vício.

Com o passar dos séculos, o Ayurveda desenvolveu uma terminologia extremamente eficaz para expressar as conexões entre a mente e o corpo, bem como para descrever as maneiras pelas quais essas conexões se manifestam em qualquer indivíduo. De acordo com o Ayurveda, o universo é criado, formado e organizado pela consciência, que se expressa através de cinco grandes elementos: o espaço, o ar, o fogo, a água e a terra. No sistema mente/corpo de um ser humano, esses cinco elementos se refinam transformando-se em três princípios governantes essenciais que o Ayurveda chama de *doshas*. É através dos doshas que a energia e as informações do universo se fazem presentes no nosso corpo e na nossa vida.

Cada um dos três doshas exerce uma influência específica na fisiologia:

O *dosha Vata* é o princípio do movimento: ele governa a circulação, a passagem dos alimentos através do sistema digestivo e até mesmo o movimento das idéias e sentimentos através dos nossos pensamentos. Vata deriva dos elementos do espaço e do ar: como o vento, ele é imprevisível e está em constante movimento.

O *dosha Pitta* está associado ao elemento do fogo e é freqüentemente citado através de metáforas de calor. Pitta é responsável pela conversão da comida em energia através do processo da digestão, bem como pelo metabolismo do ar e da água.

O *dosha Kapha* é o princípio da estrutura no sistema mente/corpo. Ele deriva dos elementos da terra e da água, e é considerado o "mais pesado" dos doshas. Kapha é fundamental para a formação dos músculos, dos ossos e dos tendões; Kapha é até mesmo responsável pelas membranas celulares que conferem estrutura à fisiologia em seu nível mais elementar.

O Ayurveda ensina que seu sistema mente/corpo é definido pelas proporções de Vata, Pitta e Kapha da sua fisiologia – e pelo grau em que as atuais proporções se desviam do seu equilíbrio dóshico "ideal", que foi estabelecido no início da sua vida. Se, quando você nasceu, seu dosha dominante era Vata, o Ayurveda diz que você é uma pessoa do tipo Vata, porque as características de Vata estão extremamente evidentes na sua estrutura física e mental. Analogamente, se Pitta ou Kapha eram inicialmente dominantes, isso significa que Pitta ou Kapha são os doshas que mais influenciam sua natureza. À medida que sua vida vai evoluindo, contudo, o estresse ou a doença podem provocar desequilíbrios entre os doshas, de modo que um dos elementos subordinados pode se tornar dominante. O dosha principal também pode se desequilibrar. Um tipo Vata desequilibrado, por exemplo, poderia ter tanto um excesso de Vata quanto de Pitta ou de Kapha.

Os três doshas, é claro, precisam estar presentes na sua fisiologia, até mesmo em cada célula do seu corpo. Como as proporções estão constantemente se modificando à medida que a vida vai tendo seguimento, a determinação precisa do seu tipo de corpo e de qualquer desequilíbrio atual pode se tornar relativamente complexa. Essa avaliação deve ser feita pessoalmente por um médico treinado no sistema ayurvédico. Sob o aspecto dos objetivos deste livro, contudo, você poderá identificar seu dosha dominante com a ajuda do questionário que se segue. Essa informação poderá ser extremamente proveitosa para o reconhecimento dos seus comportamentos de vício e das necessidades e vulnerabilidades a eles subjacentes. Responda agora ao questionário, antes de continuar a leitura.

QUESTIONÁRIO AYURVÉDICO DO TIPO DE CORPO

O teste que se segue está dividido em três seções. No caso das primeiras 20 declarações, que se aplicam ao dosha Vata, leia cada afirmação e atribua a ela o valor 0, 3 ou 6 (o que mais se aplicar a você).

0 = Não se aplica a mim
3 = Aplica-se um pouco a mim (ou parte do tempo)
6 = Aplica-se muito a mim (ou quase o tempo todo)

No final da seção, anote sua contagem Vata. Por exemplo, se você marcar 6 na primeira afirmação, 3 na segunda e 2 na terceira, seu total até esse ponto seria 6 + 3 + 2 = 11. Totalize a seção inteira dessa maneira, e você chegará à sua contagem Vata final. Vá então adiante para as declarações Pitta e Kapha.

Ao terminar, você terá três contagens diferentes. Ao compará-las, você irá determinar seu tipo de corpo.

No caso dos traços relativamente objetivos, sua escolha geralmente será óbvia. No caso do comportamento e das características mentais, que são mais subjetivos, você deve responder de acordo com a maneira como sentiu e agiu na maior parte da sua vida, ou, pelo menos, nos últimos anos.

1ª SEÇÃO: VATA

	Não se aplica a mim			Aplica-se algumas vezes a mim			Aplica-se quase sempre a mim
1. Executo rapidamente as atividades.	0	1	2	3	4	5	6
2. Não sou bom em memorizar as coisas e depois lembrá-las mais tarde.	0	1	2	3	4	5	6
3. Sou animado e vivo por natureza.	0	1	2	3	4	5	6
4. Sou magro — não engordo com facilidade.	0	1	2	3	4	5	6
5. Sempre aprendi coisas novas com muita facilidade.	0	1	2	3	4	5	6
6. Meu andar característico é leve e rápido.	0	1	2	3	4	5	6
7. Costumo ter dificuldade em tomar decisões.	0	1	2	3	4	5	6

	Não se aplica a mim		Aplica-se algumas vezes a mim				Aplica-se quase sempre a mim
8. Tenho tendência a ter gases e prisão de ventre.	0	1	2	3	4	5	6
9. Tenho tendência a ter mãos e pés frios.	0	1	2	3	4	5	6
10. Fico ansioso ou preocupado com freqüência.	0	1	2	3	4	5	6
11. Não tolero tão bem o frio quanto a maioria das pessoas.	0	1	2	3	4	5	6
12. Falo rápido e meus amigos acham que eu falo muito.	0	1	2	3	4	5	6
13. Minha disposição de ânimo muda com facilidade e sou um tanto ou quanto emotivo por natureza.	0	1	2	3	4	5	6
14. Freqüentemente tenho dificuldade em dormir ou em ter uma noite de sono reparador.	0	1	2	3	4	5	6
15. Minha pele tende a ser muito seca, especialmente no inverno.	0	1	2	3	4	5	6
16. Minha mente é muito ativa, às vezes inquieta, mas também muito imaginativa.	0	1	2	3	4	5	6
17. Meus movimentos são rápidos e ativos; minha energia tende a se manifestar em surtos.	0	1	2	3	4	5	6
18. Fico facilmente agitado.	0	1	2	3	4	5	6
19. Tenho tendência a ter hábitos alimentares e de sono irregulares.	0	1	2	3	4	5	6
20. Aprendo rápido, mas também esqueço rápido.	0	1	2	3	4	5	6

CONTAGEM VATA 99

2ª SEÇÃO: PITTA

	Não se aplica a mim		Aplica-se algumas vezes a mim			Aplica-se quase sempre a mim	
1. Eu me considero muito eficiente.	0	1	2	3	4	5	6
2. Costumo ser extremamente preciso e organizado nas minhas atividades.	0	1	2	3	4	5	6
3. Tenho a mente decidida e resoluta e sou um tanto ou quanto enérgico.	0	1	2	3	4	5	6
4. Sinto um mal-estar ou fico facilmente fatigado no calor — mais do que as outras pessoas.	0	1	2	3	4	5	6
5. Transpiro com facilidade.	0	1	2	3	4	5	6
6. Embora nem sempre o demonstre, fico irritado e zangado com bastante facilidade.	0	1	2	3	4	5	6
7. Não me sinto bem quando pulo uma refeição, ou se almoço ou o jantar atrasa.	0	1	2	3	4	5	6
8. Meu cabelo tem uma ou mais das seguintes características: • tendência a ficar grisalho ou calvo cedo • fino e liso • louro, ruivo ou cor de areia	0	1	2	3	4	5	6
9. Tenho muito apetite; consigo comer uma grande quantidade de comida se o desejar.	0	1	2	3	4	5	6
10. Muitas pessoas me consideram teimoso.	0	1	2	3	4	5	6
11. Minha evacuação é bastante regular — é mais fácil eu ter diarréia do que prisão de ventre.	0	1	2	3	4	5	6
12. Fico impaciente com muita facilidade.	0	1	2	3	4	5	6
13. Tenho a tendência a ser perfeccionista com relação a detalhes.	0	1	2	3	4	5	6

	Não se aplica a mim		Aplica-se algumas vezes a mim			Aplica-se quase sempre a mim	
14. Fico zangado com muita facilidade, mas depois esqueço rapidamente.	0	1	2	3	4	5	6
15. Gosto muito de alimentos frios, como sorvete, e também de bebidas geladas.	0	1	2	3	4	5	6
16. É mais fácil eu achar que um ambiente está quente demais do que frio demais.	0	1	2	3	4	5	6
17. Não tolero alimentos muito quentes e picantes.	0	1	2	3	4	5	6
18. Não tolero as desavenças tanto quanto deveria.	0	1	2	3	4	5	6
19. Aprecio os desafios, e quando quero alguma coisa sou muito determinado em meus esforços para consegui-la.	0	1	2	3	4	5	6
20. Tenho a tendência de criticar tanto os outros quanto a mim mesmo.	0	1	2	3	4	5	6

CONTAGEM PITTA

3ª SEÇÃO: KAPHA

	Não se aplica a mim		Aplica-se algumas vezes a mim			Aplica-se quase sempre a mim	
1. Minha tendência natural é fazer as coisas de uma maneira lenta e relaxada.	0	1	2	3	4	5	6
2. Engordo com mais facilidade do que a maioria das pessoas e emagreço mais devagar.	0	1	2	3	4	5	6
3. Minha disposição é serena e tranqüila — não fico agitado com facilidade.	0	1	2	3	4	5	6

	Não se aplica a mim		Aplica-se algumas vezes a mim				Aplica-se quase sempre a mim
4. Sou capaz de pular refeições sem nenhum mal-estar significativo.	0	1	2	3	4	5	6
5. Tenho a tendência a ter um excesso de muco ou secreção, congestão crônica, asma ou sinusite.	0	1	2	3	4	5	6
6. Preciso dormir pelo menos oito horas para me sentir bem no dia seguinte.	0	1	2	3	4	5	6
7. Tenho um sono muito profundo.	0	1	2	3	4	5	6
8. Sou calmo por natureza, e dificilmente fico zangado.	0	1	2	3	4	5	6
9. Não aprendo tão rapidamente quanto algumas pessoas, mas retenho bem as informações e tenho uma boa memória.	0	1	2	3	4	5	6
10. Tenho tendência para engordar — acumulo gordura com facilidade.	0	1	2	3	4	5	6
11. Não gosto quando o tempo fica frio e úmido.	0	1	2	3	4	5	6
12. Meu cabelo é grosso, escuro e ondulado.	0	1	2	3	4	5	6
13. Minha pele é macia, suave e um tanto pálida.	0	1	2	3	4	5	6
14. Minha constituição física é grande e sólida.	0	1	2	3	4	5	6
15. As seguintes palavras me descrevem bem: sereno, meigo, carinhoso e magnânimo.	0	1	2	3	4	5	6
16. Minha digestão é lenta, o que me faz sentir pesado depois das refeições.	0	1	2	3	4	5	6
17. Tenho muito vigor e resistência física, bem como um nível de energia estável.	0	1	2	3	4	5	6

	Não se aplica a mim		Aplica-se algumas vezes a mim			Aplica-se quase sempre a mim	
18. Meu andar é de um modo geral lento e cadenciado.	0	1	2	3	4	5	6
19. Tenho tendência a dormir demais, a ficar zonzo ao acordar e sou geralmente lento para fazer as coisas pela manhã.	0	1	2	3	4	5	6
20. Como devagar e minhas ações são lentas e metódicas.	0	1	2	3	4	5	6

CONTAGEM KAPHA

CONTAGEM FINAL

VATA	PITTA	KAPHA

COMO DETERMINAR SEU TIPO DE CORPO

Agora que você somou suas contagens, pode determinar seu tipo de corpo. Embora só existam três doshas, lembre-se de que o Ayurveda os combina de dez maneiras diferentes para chegar a dez tipos de corpo distintos.

- **Se uma das contagens for muito superior às outras, você é provavelmente um tipo único de dosha.**

  Tipos Únicos de Dosha
  Vata
  Pitta
  Kapha

Você é definitivamente um único tipo de dosha se sua contagem mais elevada for duas vezes maior do que a segunda (por exemplo, Vata – 90, Pitta – 45, Kapha – 35). Nos tipos únicos de dosha, as características de Vata, Pitta ou Kapha são extremamente evidentes.

Seu segundo dosha mais intenso poderá ainda se manifestar em suas tendências naturais, porém será muito menos nítido.

- **Se não existe um dosha dominante, você é um tipo de dois doshas.**

Tipos de Dois Doshas
Vata-Pitta ou Pitta-Vata
Pitta-Kapha ou Kapha-Pitta
Vata-Kapha ou Kapha-Vata

Se você é um tipo de dois doshas, os traços dos seus dois principais doshas serão predominantes. O mais elevado se manifesta primeiro no seu tipo de corpo, mas ambos são levados em conta.

Quase todas as pessoas são tipos de dois doshas. Um tipo assim poderá ter a seguinte contagem final: Vata – 80, Pitta – 90, Kapha – 20. Se essa fosse sua contagem, você se consideraria um tipo Pitta-Vata.

- **Se suas três contagens forem praticamente iguais, você pode ser um tipo de três doshas.**

Tipo de Três Doshas
Vata-Pitta-Kapha

Não obstante, este tipo é considerado o mais raro de todos. Verifique novamente todas suas respostas ou peça a um amigo que acompanhe suas respostas com você. Além disso, você pode reler as descrições de Vata, Pitta e Kapha nas páginas 29 a 30 para ver se um ou dois doshas se mostram mais proeminentes na sua estrutura.

OS TRÊS DOSHAS E SUAS CARACTERÍSTICAS

De acordo com o Ayurveda, conhecer nosso tipo de corpo é o primeiro e mais importante passo em direção à boa saúde genuína. Isso é especialmente verdadeiro quando lidamos com o vício. Embora os três doshas precisem estar presentes para sustentar a vida, eles raramente estão presentes em iguais proporções em qualquer indivíduo, e é crucial determinar se Vata,

Pitta ou Kapha é sua principal influência. Ao compreender seu dosha dominante, você pode descobrir as áreas nas quais você pode se tornar mais vulnerável quando está sob um estresse físico ou emocional – e você também pode determinar que tipos de atividades e mudanças em seu estilo de vida podem ajudá-lo melhor a restaurar o equilíbrio na mente e no corpo.

VATA

À semelhança do vento da pradaria, Vata está sempre em movimento, sempre se modificando, sempre mudando de direção. Os indivíduos do tipo Vata são muito mais variáveis do que os do tipo Pitta ou Kapha, e é muito mais difícil prever seu comportamento de um dia para o outro. Explosões de energia, tanto mentais quanto físicas, surgem de repente nas pessoas do tipo Vata, para depois desaparecerem com a mesma rapidez. Seja caminhando, comendo ou decidindo quando irão dormir, as pessoas do tipo Vata são sistematicamente incoerentes. Essa variabilidade também está presente na digestão, na disposição de ânimo, nas emoções e no estado geral de saúde das pessoas do tipo Vata. Os indivíduos do tipo Vata são particularmente vulneráveis, por exemplo, a doenças leves como gripes e resfriados.

Características do Tipo Vata

- Constituição física leve e magra
- Executa rapidamente as atividades
- Fome e digestão irregulares
- Sono leve e interrompido; tendência a ter insônia
- Entusiasmo, vivacidade, imaginação
- Excitabilidade, disposição de ânimo variável
- Capta rapidamente novas informações, mas também esquece rápido
- Tendência a se preocupar
- Tendência a ter prisão de ventre

- Fica cansado rapidamente, tendência a se esforçar demais
- A energia física e mental se manifesta aos arrancos

É extremamente Vata

- Sentir fome a qualquer hora do dia ou da noite
- Amar a agitação e as constantes mudanças
- Ir dormir em horas diferentes a cada noite, pular refeições e ter hábitos irregulares de um modo geral
- Digerir bem a comida em um dia e mal no outro
- Andar depressa
- Ter crises emocionais de curta duração e que são logo esquecidas

PITTA

À semelhança de uma chama vermelha, a qualidade que define Pitta é a intensidade. Essa associação com o calor é óbvia inclusive nas características físicas dos indivíduos do tipo Pitta, que freqüentemente são ruivos e têm a pele rosada. As pessoas do tipo Pitta são ambiciosas e freqüentemente impetuosas, com um estilo audacioso de auto-expressão e a tendência de discutir quando desafiadas. Quando equilibrados, os indivíduos do tipo Pitta são afetuosos, e um rosto que reluz com calor e felicidade é característico desse dosha. É somente quando o estresse, a alimentação inadequada ou outra influência desequilibradora entra em ação que o lado agressivo e crítico da natureza de Pitta começa a se impor.

Características do Tipo Pitta

- Constituição física média
- Força e capacidade de resistência médias
- Fome e sede intensas, digestão forte

- Pele clara ou rosada, amiúde sardenta
- Aversão ao sol e ao calor
- Personalidade empreendedora, intelecto aguçado, aprecia os desafios
- Fala precisa e articulada
- Não consegue pular refeições
- Cabelo louro, castanho claro ou ruivo

É extremamente Pitta

- Ficar faminto se o jantar atrasar meia hora
- Viver em função do relógio e detestar desperdiçar o tempo
- Acordar à noite sentindo calor e sede
- Assumir o comando de uma situação ou sentir que deveria fazê-lo
- Ter um andar determinado
- Aprender, através da experiência, que as outras pessoas às vezes o acham por demais exigente, sarcástico ou crítico

KAPHA

Kapha é o dosha mais calmo e mais estável, e ele se desequilibra com muito menos facilidade do que Vata ou Pitta. Kapha confere estrutura e capacidade de resistência à fisiologia, e essas características são óbvias na constituição atarracada de muitas pessoas do tipo Kapha. Os indivíduos do tipo Kapha são serenos e otimistas por natureza. Eles custam a ficar com raiva e preferem considerar todos os pontos de vista antes de adotar uma posição particular. Quando desequilibrados, contudo, eles podem se tornar apáticos e indecisos. Tanto o exercício vigoroso quanto uma alimentação que combata a tendência natural dos indivíduos do tipo Kapha ao excesso de peso são benéficos para eles. Apesar desses aspectos vulneráveis, o Ayurveda descreve as pessoas do tipo Kapha como extremamente afortunadas: elas são naturalmente carinhosas e atenciosas, e sua força física inata fornece proteção contra todos os tipos de doenças.

Características do Tipo Kapha

- Constituição física sólida e poderosa; grande força e resistência físicas
- Energia uniforme; movimentos lentos e graciosos
- Personalidade tranqüila e relaxada; custa a ficar zangado
- Pele fria, suave, espessa, pálida e freqüentemente oleosa
- Custa a captar novas informações, mas depois que as assimila costuma retê-las bem
- Sono pesado e prolongado
- Tendência para a obesidade
- Digestão lenta, fome moderada
- Afetuoso, tolerante, magnânimo
- Propensão para ser possessivo e condescendente

É extremamente Kapha

- Ficar ruminando as coisas durante um longo tempo antes de tomar uma decisão
- Levantar devagar, ficar na cama um longo tempo e precisar tomar um café logo que acorda
- Ser feliz com o *status quo* e preservá-lo apaziguando os outros
- Respeitar os sentimentos das outras pessoas e sentir por elas uma empatia genuína
- Buscar conforto emocional na comida
- Ter movimentos graciosos, olhos lânguidos e um andar deslizante, mesmo quando gordo

Vamos discutir na Segunda Parte alguns dos comportamentos de vício mais comuns, prestando uma atenção especial ao relacionamento entre os vícios específicos e os doshas. Como o Vata desequilibrado é responsável por atos impulsivos e pela instabilidade nervosa, acalmar esse dosha é particularmente importante no controle do comportamento de vício. Um Pitta desequilibrado é a base da sensação exagerada de autocontrole que alguns viciados atribuem a si mesmos, inclusive convicções do tipo "Consigo parar quando quiser", ou "Posso beber quanto quiser sem sentir nada". Os indivíduos do tipo Kapha, por outro lado, freqüentemente são capazes de suportar, mais do que as outras pessoas, o abuso de substâncias. Este fato, aliado à tendência natural de Kapha para a inércia e para ser lento em mudar transforma, às vezes, em um desafio o tratamento dos indivíduos do tipo Kapha.

Insisto fortemente em que você leia todos os capítulos da Segunda Parte, mesmo que não tenha um envolvimento pessoal com um vício específico. Obter um *insight* dos comportamentos de vício que são um tanto diferentes do seu pode fornecer um valioso senso de perspectiva. Também pode ajudá-lo a compreender os sentimentos das pessoas não viciadas – amigos, familiares ou colegas de trabalho – quando eles têm que lidar com o complexo fenômeno psicológico do vício apesar do fato de este estar bem distante da experiência deles.

A Terceira Parte oferece estratégias específicas para acalmar o desequilíbrio de Vata que é básico para todos os vícios. Tão logo isso tenha sido alcançado, o equilíbrio do seu sistema pode ser restaurado como um todo. Você pode começar a vivenciar a verdadeira alegria da vida, que frustra sem esforço o comportamento de vício.

Embora as informações contidas neste livro possam representar um grande benefício, esteja consciente de que elas não se destinam a substituir os cuidados profissionais no tratamento de problemas de saúde potencialmente graves. O vício se origina da combinação de fatores pessoais, ambientais e sociais. Ao mesmo tempo que insisto que você assuma a responsabilidade pela sua saúde, também alerto que permaneça consciente de influências que podem estar além do seu controle, e pode nem mesmo ter consciência. De qualquer modo, consulte seu médico antes de empreender qualquer novo programa de alimentação ou exercícios como os descritos na Parte Três deste livro. Isso é especialmente importante se seu estado de saúde estiver enfraquecido após um prolongado comportamento de vício.

SEGUNDA PARTE

A EXPERIÊNCIA DO VÍCIO

5

O VÍCIO DO ÁLCOOL

O álcool, sob a forma de cerveja, vinho ou bebidas de alto teor alcoólico, serve a muitos propósitos na sociedade atual, da mesma maneira como o fez desde os primeiros períodos registrados da história. Na missa católica, no serviço judeu da Páscoa, bem como nos rituais de muitas outras doutrinas religiosas, o álcool possui uma função cerimonial, e até mesmo sagrada. Nos Estados Unidos, bebemos champanhe para celebrar ocasiões felizes, e inúmeros comerciais de televisão nos fazem lembrar de que bastante cerveja significa que vamos nos divertir muito. Isso é produto de uma longa tradição no Ocidente. Certo historiador, ao descrever a importância do álcool na vida social da Inglaterra no século XVII, escreveu que a bebida "estava inserida na estrutura da vida social. Estava presente em praticamente todas as cerimônias públicas e privadas, em cada transação comercial, em cada ritual profissional, em cada ocasião particular de tristeza ou alegria".

Ao lado do papel fundamental do álcool, contudo, existe uma longa tradição de hostilidade com relação à bebida. Nos Estados Unidos, essa hostilidade atingiu um ponto máximo durante o período de Proibição da década de 1920 e início da de 1930. Mesmo sem a Proibição, contudo, o uso do álcool na população americana, como um todo, vem caindo de um modo geral com os anos, depois de atingir o auge há 150 anos. Em 1830, o consumo *per capita* de álcool puro era de 26,87 litros por ano, ao passo que em 1989 o consumo foi de um pouco menos de 9,19 litros.

Até mesmo a cifra de 1989, contudo, se traduz em 576 latas de cerveja para cada americano, de modo que está claro que ainda se bebe muito. Mas a maior parte desse consumo ainda é feito por um número relativamente pequeno de pessoas: estudos demonstraram que 50 por cento de todas as bebidas alcoólicas são consumidas por apenas 10 por cento do número total de pessoas que bebem. Esses 10 por cento constituem o grupo de indivíduos alcoólatras e dependentes do álcool a quem este capítulo é endereçado.

OS BENEFÍCIOS DO ÁLCOOL

Como foi visto com relação à minha jovem paciente Ellen e seu vício, considero fundamental admitir o prazer das substâncias que levam ao vício bem como seus efeitos destrutivos. Sem dúvida, muitos prazeres estão associados ao uso do álcool, e existem até benefícios para a saúde documentados. É claro que tão logo o "uso" se torna "abuso", os efeitos positivos são amplamente superados pelos perigos, como certamente se tornará claro.

Poderíamos nos perguntar como os seres humanos começaram a beber álcool. Os historiadores acreditam que o homem primitivo pode ter visto animais comendo frutas fermentadas e observado os efeitos dramáticos no comportamento deles. Alguns indivíduos aventureiros devem ter decidido descobrir exatamente o que estava fazendo o veado cambalear. A partir daí, provavelmente não demorou muito para que a produção de bebidas alcoólicas se transformasse em uma habilidade altamente desenvolvida, ou até mesmo uma arte.

Há milhares de anos as bebidas alcoólicas e as técnicas necessárias à sua produção fazem parte da estrutura da civilização humana. A recente descoberta no Irã de um jarro contendo resíduos de álcool indica que o vinho já era produzido no Oriente Médio há mais de sete mil anos. Um historiador observou que apenas duas inovações universais são compartilhadas por todas as culturas. A primeira delas é o desenvolvimento de alguma forma de pão ou massa, e a segunda a "descoberta e o uso do processo natural de fermentação". O vinho, é claro, é freqüentemente mencionado na Bíblia, encerrando conotações tanto positivas quanto negativas. Heródoto, o historiador grego da antigüidade, relata que os governantes do império persa não chegavam a uma decisão final sobre qualquer assunto enquanto não o tivessem discutido sóbrios e bêbados. E um dos diálogos mais belos e importantes de Platão, a discussão sobre o amor intitulada *O Simpósio*, registra a conversa desinibida em uma festa onde se bebia; traduzida literalmente, a palavra grega *symposium* significa "beber em conjunto". A bebida também é freqüentemente mencionada (e celebrada) por Shakespeare, e ocupa um importante lugar no trabalho de incontáveis outros escritores e artistas – sem mencionar o papel que ela teve na vida deles.

Ao lado da importância histórica do álcool em si, a bebida tem sido a base de instituições sociais que continuam a ser importantes hoje em dia. O show da televisão *Cheers* oferece a imagem do bar de um bairro como uma espécie de paraíso: um ambiente caloroso onde um grupo de antigos amigos se encontra, conversa e se envolve em complicações humorísticas. O show raramente se afasta do cenário do bar, e na verdade, se o fizesse, debilitaria todo o significado do programa. O bar pode ser um refúgio, um lugar seguro onde podemos nos abrigar, como sugere o título do conto de Ernest Hemingway a respeito de um café espanhol: "A Clean, Well-Lighted Place." [Um lugar limpo e bem-iluminado]

Lugares de reunião social organizados em torno da bebida sem dúvida podem proporcionar benefícios emocionais, e qualquer experiência genuína de felicidade ou relaxamento também encerra benefícios fisiológicos. Além disso, tanto a visão médica quanto a popular do álcool foram de certo modo alteradas por estudos que demonstram que beber moderadamente pode reduzir o risco de ataques do coração. Embora esse benefício tenha sido associado a mudanças na química do sangue, ele pode ser proveniente tanto da diminuição dos níveis de estresse quanto de efeitos bioquímicos.

Desde a época pré-histórica, o álcool tem desempenhado um papel variado, porém extremamente importante na experiência humana. Por um lado, ele tem sido usado nos sacramentos e em cerimônias religiosas como uma maneira de estabelecer contato com os deuses. Pelo outro, o álcool tem ajudado as pessoas a se sentirem mais perto umas das outras. Em seu duplo papel como sagrado e profano, o álcool poderia ser comparado com o fogo como um princípio estrutural na nossa vida. E, também como o fogo, ele pode facilmente se descontrolar.

OS PERIGOS DO ÁLCOOL

As bebidas alcoólicas podem ser vistas como drinques, mas também podem ser definidas como drogas. Com efeito, o álcool é, de longe, a droga mais usada nos Estados Unidos. Um importante estudo propõe que o álcool é responsável por 85 por cento do problema global do vício de drogas nos Estados Unidos. Além disso, existem indícios de que aproximadamente 13,5 por cento do total da população irão satisfazer os critérios de diagnóstico relacionados com o vício ou dependência do álcool em algum momento da vida.

As conseqüências dessas estatísticas são extremamente graves tanto para o indivíduo quanto para a sociedade. Certas formas de câncer, por exemplo, estão especificamente associadas ao intenso consumo de álcool, e 75 por cento das mortes causadas pelo câncer do esôfago estão relacionadas com o uso do álcool. O câncer do fígado também é uma freqüente complicação da destruição geral desse órgão causada pelo consumo excessivo do álcool. O intenso e prolongado consumo de álcool também pode causar danos ao pâncreas, estômago e intestino delgado, bem como a deterioração do funcionamento do cérebro. Com efeito, a lista detalhada da devastação causada ao corpo pelo abuso do álcool poderia continuar por muitas páginas, bem como o cálculo do custo do tratamento.

Os perigos do álcool não estão limitados a seus efeitos bioquímicos. Embora um progresso significativo tenha sido feito em anos recentes, a elevada correlação entre a bebida e os acidentes de automóvel é bastante conhecida; aproximadamente metade das mortes em acidentes automobilísticos ainda estão relacionadas com o álcool. Além disso, aproximadamente 30 mil pessoas são mortas a cada ano em decorrência de vários tipos de acidentes não automobilísticos. É importante observar que essas cifras de acidentes não se referem apenas a vítimas que estavam fortemente intoxicadas. A ingestão de qualquer quantidade de álcool aumenta dramaticamente a probabilidade de ocorrência de acidentes.

Os problemas causados pelo abuso do álcool também são extremamente significativos em um nível menos catastrófico. A bebida é uma causa freqüente de insônia, por exemplo. A obesidade também pode ser associada ao álcool, bem como uma forma de anorexia que prevalece entre as pessoas que bebem muito, algumas das quais praticamente não comem, extraindo do álcool seu consumo total diário de calorias. As ressacas também podem ser bastante desagradáveis, e apesar dos inúmeros remédios caseiros para o problema, o mecanismo biológico preciso da ressaca ainda não é bem compreendido.

Mais uma vez, o que foi exposto é apenas um rápido vislumbre do inferno de punições que aguardam a pessoa que bebe muito. É importante, contudo, examinar mais de perto o que representa beber "muito" e as distinções que foram estabelecidas entre a dependência do álcool e o verdadeiro comportamento de vício.

A DEPENDÊNCIA DO ÁLCOOL E O VÍCIO DO ÁLCOOL

Sendo um médico treinado no sistema do Ayurveda, sinto-me pouco à vontade com a idéia de que existe uma linha bem definida entre os elementos físicos da nossa natureza e os mentais, emocionais e espirituais. Como todo pensamento e sentimento apresenta manifestações físicas na nossa fisiologia, fica claro que a mente e o corpo são verdadeiramente um só. Não obstante, talvez uma distinção útil possa ser feita entre a dependência e o vício do álcool, separando-se as experiências que são percebidas basicamente como emocionais daquelas que dão origem a sensações físicas bem definidas. Além disso, o termo vício do álcool pode ser distinguido da dependência do álcool pela presença de elementos negativos graves e claramente definidos na vida da pessoa que bebe, inclusive distúrbios no trabalho, problemas legais e financeiros e problemas familiares que freqüentemente podem incluir a violência. A dependência do álcool, por outro lado, é uma categoria mais difusa na qual a bebida atrapalha ou interfere *de alguma maneira* na liberdade da pessoa de aproveitar a vida, por mais insignificante que essa interferência possa parecer.

Certa vez viajei com um amigo que gostava de beber vinho às refeições, como fazem milhões de pessoas em todo o mundo. No entanto, quando inadvertidamente entramos em um restaurante que não tinha licença para vender bebidas alcoólicas, pude perceber que meu amigo não gostava simplesmente de beber vinho no jantar; em vez disso, ele não conseguia desfrutar o jantar sem tomar vinho. Quando percebemos que o restaurante não poderia servir a bebida, jantar ali tornou-se algo completamente fora de questão em virtude do genuíno tormento que isso imporia ao meu amigo. "Simplesmente não posso comer sem beber vinho", ele se desculpou tristemente, enquanto procurávamos outro restaurante. Ele tinha uma necessidade inflexível e sistemática de beber álcool em certas horas do dia. Se o álcool não estivesse presente na hora das refeições, meu amigo sentia um intenso desconforto e precisava resolver a situação. Ao contrário de um alcoólatra plenamente desenvolvido, contudo, ele não ficava fisicamente doente quando o álcool era retirado, nem as circunstâncias externas da sua vida eram visivelmente afetadas. Apesar de o álcool desempenhar apenas um papel pequeno e específico na sua vida, ele era dependente de acordo com minha interpretação do termo.

Ao contrário da dependência, o alcoolismo plenamente desenvolvido – ou seja, o vício do álcool – pode ser definido mais especificamente do que a dependência do álcool, e ser identificado através de um número limitado de traços e características bem documentados.

• *Prioridade.* A bebida é a base primária do dia do alcoólatra. Atividades importantes são reprogramadas ou sacrificadas em benefício da bebida, apesar das dificuldades que isso possa causar. Analogamente, o alcoólatra reconhece certas horas do dia em que precisa beber, e faz os ajustes necessários para garantir que isso seja possível.

• *Aumento da tolerância.* Com o tempo, uma quantidade cada vez maior de álcool é necessária para provocar os efeitos esperados.

• *Sintomas da privação.* À medida que a tolerância ao álcool aumenta, os sintomas desagradáveis ou mesmo dolorosos da privação do álcool também aumentam. Esses sintomas incluem o tremor, a insônia, a agitação, a ansiedade e a confusão. Isso acaba se transformando em um círculo vicioso, e evitar esses sintomas se torna um importante motivador para o uso do álcool. O alcoólatra bebe mais para evitar as conseqüências da privação da bebida, mas a maior quantidade de bebida só piora as conseqüências.

• *Ansiedade.* Freqüentemente existe um desejo irresistível ou uma necessidade de um drinque, especialmente quanto está sendo feito um esforço para reduzir a bebida. Mesmo estando com uma bebida nas mãos, um alcoólatra já anseia pelo próximo drinque. Em um bar o alcoólatra consegue pedir um segundo drinque antes mesmo de acabar o primeiro.

• *Conflito interior.* À medida que a bebida se torna mais séria e começa a descontrolar o indivíduo, ocorrem períodos em que o alcoólatra sente o desejo de parar de beber, e ele poderá fazê-lo durante algum tempo. Quando volta a beber, contudo, o alcoólatra rapidamente retoma os padrões familiares bem desenvolvidos.

• *Problemas externos.* É quase certo que o alcoólatra venha a ter dificuldades no trabalho, com os amigos, com a família e com a polícia. A fim de evitar esses problemas, ele pode passar a beber em segredo, e pode esconder a bebida em casa ou no trabalho.

DA DEPENDÊNCIA AO VÍCIO

Não é de causar surpresa que a dependência do álcool freqüentemente se transforme em um vício plenamente desenvolvido. Essa progressão foi detalhadamente descrita em uma série de palestras apresentadas na Yale University pelo pesquisador E. M. Jellinek. Essas palestras resultaram de questionários preenchidos por mais de dois mil alcoólatras, e formaram a base do "modelo da doença" do alcoolismo, atualmente uma abordagem extremamente influente no tratamento desse problema. Com o resultado da sua pesquisa, Jellinek foi capaz de identificar estágios específicos e previsíveis da "doença" do alcoólatra, embora muitos meses e até anos possam transcorrer entre o surgimento dos diversos estágios. Na visão de Jellinek, o alcoolismo pode ser interpretado como um problema de saúde crônico, sistêmico e degenerativo, análogo a doenças causadoras de incapacidade como a sífilis e a esclerose múltipla. Embora Jellinek tenha reconhecido que certas pessoas que bebem nunca ultrapassam um certo estágio "habitual" semelhante ao da dependência do álcool, ele concluiu que o vício do álcool progride através de quatro estágios sucintos.

O MODELO DA DOENÇA DO ALCOOLISMO

Primeiro estágio

Ao fazer uso do álcool, a pessoa experimenta uma dramática redução do estresse e níveis mais baixos de tensão. Durante um período que varia de seis meses a um ano, o futuro alcoólatra começa a beber quase todos os dias a fim de alcançar essa experiência de relaxamento. Tipicamente, ele possui maior tolerância ao álcool do que a pessoa comum.

Segundo estágio

Quando a pessoa começa repentinamente a ter *amnésia* ou perda de memória, o segundo estágio do alcoolismo foi atingido. A amnésia geralmente está ligada à memória intermediária, como a atividades ou conversas que tiveram lugar durante um período em que a pessoa estava bebendo ou no dia anterior. As memórias dos eventos que tiveram lugar antes e depois da *amnésia* não são afetadas. Durante esse estágio, o indivíduo começa a perceber que sua bebida alcançou um novo nível, e a tensão ou a culpa se tornam associadas à atividade. A pessoa pode começar a beber em segredo.

Terceiro estágio

Na formulação original de Jellinek, esta é a fase crucial na qual a pessoa que bebe abandona a intenção mais ou menos controlada e passa a ter um comportamento descontrolado. O viciado agora reage à tensão bebendo, de uma forma imediata e irreflexiva, e pode até provocar ou criar incidentes para justificar a bebida. O viciado começa freqüentemente o dia com um drinque, e passa a noite gravemente intoxicado. Esse estágio pode continuar por muitos anos, durante os quais o viciado permanece capaz de se manter no emprego e funcionar socialmente, embora seus relacionamentos próximos se tornem profundamente desgastados.

Quarto estágio

Jellinek se referiu a esse estágio como a fase crônica do vício do álcool, e ele é marcado por longos períodos de intoxicação. Sérios problemas envolvem a saúde física e mental, e os relacionamentos pessoais e profissionais do indivíduo, bem como com a polícia. Até mesmo uma curta privação do álcool produz sintomas desagradáveis e assustadores, e o viciado bebe a fim de evitá-los. A tolerância com relação ao álcool diminui abruptamente, e até mesmo pequenas quantidades de bebida causam embriaguez.

Durante o quarto estágio do modelo da doença de Jellinek, uma pequena maioria de alcoólatras (cerca de 60 por cento) passa por uma experiência que possui importantes implicações para o tratamento bem-sucedido do alcoolismo. Quando essas pessoas "chegam ao fundo do poço" e se sentem completamente desesperadas, elas vivenciam inesperadamente uma nova consciência espiritual. Começam a invocar um poder superior que as erga das profundezas em que mergulharam. Uma pequena percentagem de alcoólatras até mesmo vivencia um momento de dramática revelação, semelhante a uma conversão religiosa, na qual reconhecem que estão nas mãos de um destino supremo. Em outras palavras, eles vivenciam uma espécie de êxtase.

Esse fenômeno transcendente está tão bem documentado quanto os outros estágios da doença do alcoolismo. Talvez a doença em si pudesse até ser interpretada como uma tentativa equivocada de atingir esse ponto – uma descida ao inferno que precisa preceder a visão do paraíso. Com relação a isso, talvez seja proveitoso lembrar nossa discussão no Capítulo 1 a respeito do viciado como um buscador mal-orientado, e citar uma carta do psicólogo Carl Jung na qual ele cria, explicitamente, uma analogia entre o vício e o inferno:

> *Estou fortemente convencido de que o princípio do mal prevalecente no mundo leva à perdição a necessidade espiritual não reconhecida, se não for neutralizada pelo verdadeiro* insight *religioso ou pelo muro protetor da comunidade humana. Um homem comum, não protegido por uma ação vinda de cima e isolado na sociedade, não consegue resistir ao poder do mal, que é adequadamente chamado de o Demônio .... "Álcool" em latim é "spiritus", a mesma palavra tanto para a mais elevada experiência religiosa quanto para o veneno mais depravado.*

Se o trocadilho não parecer muito forçado, poderíamos observar que para um significativo número de pessoas, a "solução espirituosa" do álcool acaba por conduzir a uma solução espiritual para o alcoolismo. O filósofo William James, em *The Varieties of Religious Experience*, escreveu que a verdadeira cura para o excesso de bebida é a paixão pela religião. Sinto-me tentado a ir ainda mais adiante e dizer que a *única* cura para qualquer tipo de vício é a descoberta de uma espiritualidade intensamente sentida. Depois, com essa base espiritual, o viciado em recuperação pode começar a realizar em sua vida as mudanças práticas necessárias à real transformação.

O MILAGRE OU A MÁQUINA?

Um rápido exame de alguns dos inúmeros tratamentos alternativos para o alcoolismo poderá ajudar a esclarecer minha crença em uma abordagem com base na espiritualidade. A antítese dessa abordagem, por exemplo, pode ser encontrada no uso de drogas destinadas a combater o álcool, das quais Antabuse é a mais comum. Bloqueando a habilidade do corpo de metabolizar normalmente o álcool, Antabuse gera um rápido acúmulo de toxinas quando a pessoa toma um drinque. Náuseas violentas, dor de cabeça, uma queda repentina da pressão sangüínea e um medo intenso da morte ocorrem rapidamente. Sob uma perspectiva behaviorista, a droga proporciona um reforço negativo forte e imediato para a bebida – em outras palavras, uma punição. Os efeitos da droga podem até mesmo ser fatais, e como o viciado sabe disso, ele deve se sentir fortemente desestimulado a beber.

No caso de certos indivíduos, o medo do Antabuse pode ser eficaz. Como a droga permanece no sistema até setenta e duas horas depois da última dose ter sido tomada, o viciado que tenha um impulso repentino de beber pensará pelo menos duas vezes antes de abrir a garrafa, mesmo que tenha parado de tomar a droga vários dias antes. Mas o impulso de beber não foi realmente tratado, e tampouco a memória da perfeição interior foi redespertada. Em vez disso, a abordagem química da dor sentida pelo alcoólatra que luta contra dificuldades simplesmente ameaça gerar uma dor ainda maior se essa luta não for bem-sucedida.

Um tipo diferente de dor está por baixo de muitas abordagens interpessoais e de confrontação no tratamento do alcoolismo. Neste caso, um terapeuta e/ou outros viciados que estejam se submetendo ao tratamento, podem relatar agressivamente ao indivíduo o dano causado a ele sobre a natureza auto-enganosa dos pensamentos e ações do alcoólatra. Alguns elementos dessa abordagem estão presentes em muitos programas de tratamento do alcoolismo em pacientes internos e, até certo ponto, também nos Alcoólicos Anônimos. À semelhança do que ocorre com Antabuse, a confrontação pode encerrar benefícios; a partir do ponto de vista ayurvédico, ela parece extremamente atraente para as pessoas do tipo Pitta, que têm a probabilidade de afirmar que detêm o total domínio de uma situação por mais que esta tenha se descontrolado. No entanto, a experiência da confrontação pode irritar ainda mais uma constituição Pitta desequilibrada, e prejudicar mais do que beneficiar. Em última análise, a probabilidade da confrontação erguer as defesas de um viciado é a mesma que baixá-las, e estudos indicaram que níveis aumentados de confrontação também geram níveis aumentados de resistência.

A terapia de apoio, voltada para o *insight*, amplamente aplicada não apenas nos casos de abuso de substâncias como também em todos os tipos de problemas emocionais, fundamenta-se na idéia de que o alcoólatra bebe em decorrência de um conflito interior que irá diminuir à medida que for melhor compreendido. O alcoolismo é visto como um sintoma de um problema subjacente na psique do alcoólatra. Até certo ponto, a verdade deste fato parece óbvia e irrefutável. Mas como Arnold Ludwig, M.D., deixa claro em seu livro *Understanding the Alcoholic's Mind,* também existem limites para a eficácia da terapia do *insight*, seja ela realizada individualmente ou em grupo.

Para ilustrar esses limites, Ludwig introduz o termo "aprendizado dependente do estado". Isso se refere ao fato de que a maneira como compreendemos uma idéia, ou mesmo nossa experiência de uma poderosa revelação interior, pode não ser transferível para todas as múltiplas situações que provavelmente, iremos nos encontrar. Isso é especialmente verdadeiro com relação a um hábito fortemente viciador como o alcoolismo, que pode dominar completamente a vida cotidiana de uma pessoa, exceto, talvez, durante as sessões de terapia.

Quando um grupo de alcoólatras se senta ao redor de uma

mesa em companhia de um terapeuta treinado, importantes informações podem emergir, fornecendo um profundo entendimento de influências passadas e presentes sobre o comportamento. Uma disposição de ânimo auto-reflexiva é criada, na qual as pessoas se tornam ansiosas para aprender e mudar. Este é um ambiente único, tanto física quanto emocionalmente, e um ambiente extremamente diferente de um bar, de um restaurante ou de uma vida familiar onde a fadiga ou o estresse podem desencadear a vontade de beber. Além disso, logo que começa a beber, o alcoólatra pode se tornar uma pessoa muito diferente da que era durante uma sessão de terapia. Ele pode ser literalmente incapaz de se lembrar da sessão, assim como, mais tarde, pode ser incapaz de se lembrar do que disse ou fez enquanto bebia. Esse tipo de amnésia pode até mesmo existir entre vários níveis de intoxicação e, em seu livro, o Dr. Ludwig ironicamente sugere a possibilidade de sessões de terapia voltadas para o *insight* enquanto os clientes ficam bêbados. Essa sugestão não tem a intenção de ser uma opção realista, mas ela dramatiza o problema que o alcoólatra enfrenta ao tentar transferir os benefícios terapêuticos de uma situação para outra.

O poder da bebida de transformar um viciado em uma pessoa diferente é abordado diretamente pelos Alcoólicos Anônimos, e essa organização certamente representa uma das abordagens mais poderosas do alcoolismo jamais desenvolvidas. Ao enfatizar a importância de evitar o primeiro drinque, os AA insistem em que o viciado impeça que os efeitos destrutivos do álcool tenham início. Isso é necessário porque para um viciado, os efeitos destrutivos estão, em um certo sentido, sempre presentes – ele é sempre um alcoólatra, com toda a vulnerabilidade que isso sugere, independentemente do fato de ele efetivamente beber. Como deixa claro o primeiro dos famosos Doze Passos dos AA, o viciado precisa compreender que ele é *impotente* com relação ao álcool – e que tão logo um drinque é tomado, um antigo membro dos AA não tem mais sobriedade do que uma pessoa que beba e que nunca tenha ouvido falar na organização.

Muitos livros foram escritos sobre os Alcoólicos Anônimos, inclusive avaliações científicas e narrativas pessoais. Sugiro fortemente que qualquer pessoa ligada ao problema do alcoolismo aprenda mais a respeito dessa organização, seja lendo ou freqüentando uma reunião aberta de um grupo dos AA. Sob o aspecto dos nossos objetivos neste livro, e sem entrar em muitos detalhes, gostaria de salientar o que considero benéfico na abordagem dos AA, bem como as suas deficiências.

Um ponto bastante forte dos Alcoólicos Anônimos, e dos outros programas de doze passos por eles inspirados, é o fato de reconhecerem um poder espiritual superior que precisa ser invocado para que o problema do vício seja solucionado. Além disso, a natureza puramente voluntária da organização – bem como a ausência de uma estrutura hierárquica ou a presença de uma figura de autoridade – permite que o viciado assuma plena responsabilidade pela recuperação.

Acredito, porém, que o aspecto mais extraordinário dos AA seja o fato de somente o primeiro dos doze passos mencionar o álcool. Isso tem pelo menos dois efeitos importantes. Primeiro, ele enfatiza que o vício da bebida não diz respeito simplesmente ao que está no copo, mas também ao que está na mente e no coração. Além disso, ele oferece ao alcoólatra em recuperação a oportunidade de compreender a bebida não apenas como uma atribulação, mas como uma espécie de oportunidade, o primeiro degrau da escada do autodesenvolvimento que pode conduzir à genuína realização espiritual. Os Doze Passos dos Alcoólicos Anônimos não são apenas um programa para que a pessoa se torne sóbria. Eles se destinam a ajudar o indivíduo a se tornar uma pessoa verdadeiramente *excelente* em todas as áreas da vida.

Por mais que eu admire esses aspectos dos AA, sinto-me menos à vontade com o que me parece ser um elemento baseado no medo no programa de recuperação. Sem dúvida, muitos alcoólatras desenvolveram mecanismos do ego auto-enganosos que precisam ser destruídos, mas a ênfase dos AA na impotência do viciado parece problemática. Enquanto ele caminha sobre a estreita linha divisória entre o poder maligno do álcool, de um lado, e a graça salvadora de um poder espiritual superior do outro, a verdadeira natureza do viciado permanece desconhecida ou talvez irrelevante. Colocando as coisas de uma maneira simples, ele é o que faz – e nunca terá certeza do que irá fazer de um dia para o outro. De acordo com a máxima mais conhecida dos AA: "Um dia de cada vez."

A partir de uma perspectiva ayurvédica, a essência da natureza humana não é tão indeterminada. Quando crianças, tínhamos o riso no coração e encontrávamos a alegria à nossa volta. Essa criança feliz ainda está dentro de nós, em cada célula do nosso ser, e o impulso natural em direção à saúde e à felicidade ainda está presente. Não somos emocional ou espiritualmente neutros, e tampouco igualmente inclinados a fazer o bem e o mal a nós mesmos. Nossa orientação inata e verdadeira está voltada para o que é bom para nós e afastada do que é nocivo. Não existe uma verdadeira necessidade, portanto, para uma atitude de constante vigilância contra os perigos do álcool, ou de qualquer outra coisa. Esses perigos e tentações desaparecerão como uma névoa quando nossa satisfação com relação aos verdadeiros prazeres da vida se tornar mais uma vez disponível.

O ALCOOLISMO E OS DOSHAS

O alcoolismo e Vata

O comportamento de vício prolongado quase sempre resulta em um grave desequilíbrio de Vata, e isso pode se tornar ainda mais agudo na presença do estresse decorrente da privação do álcool. Por conseguinte, as técnicas de relaxamento que equilibram Vata devem ser prioritárias na recuperação do vício do álcool, mesmo que Vata não seja seu dosha dominante.

Se você responder sim a duas ou mais das perguntas abaixo, é extremamente provável que esteja vivenciando um desequilíbrio de Vata associado ao alcoolismo.

1. Você sente com freqüência que seus pensamentos estão irrequietos e dispersos, e você bebe para se sentir mais calmo e concentrado?

2. Você sofre freqüentemente de insônia, e bebe para conseguir dormir?
3. Suas mãos ou sua cabeça tremem às vezes descontroladamente?
4. Você já experimentou em alguma ocasião uma visível perda de apetite, quando preferiria beber a comer?
5. Você já observou repentinas perdas de memória ou de concentração?
6. Você se sente às vezes apático com relação à vida em geral, com uma total ausência de desejo?
7. Você fica facilmente sobressaltado ou assustado e bebe para diminuir essa sensação?
8. Até mesmo cenários familiares algumas vezes parecem distantes e irreais para você, especialmente quando bebe?
9. Você já desmaiou enquanto bebe ou depois de beber?
10. Você já teve enganos ou alucinações enquanto bebe, ou depois de beber?

O alcoolismo e Pitta

Em seu livro intitulado *Ayurvedic Healing,* o Dr. David Frawley enfatiza o fato de que o álcool acrescenta ao corpo um calor repentino e freqüentemente excessivo. Isso intensifica Pitta, podendo causar distúrbios inflamatórios no fígado e em outras áreas do sistema digestivo, particularmente em indivíduos com uma dominância do dosha Pitta.

As pessoas que têm o dosha Pitta dominante amiúde exibem comportamentos característicos relacionados com o álcool, e esses indivíduos resolutos podem ser extremamente resistentes à mudança. Com efeito, até mesmo os indivíduos do tipo Pitta gravemente alcoólatras freqüentemente negam a existência de qualquer problema. Eles o negam não apenas para os outros como também para si mesmos. Se seus resultados do questionário mente/corpo indicaram que Pitta é seu dosha dominante, e se você desconfia algumas vezes de que talvez esteja bebendo demais, leia as dez perguntas abaixo. Respondendo sim a mais de duas existem fortes indícios de que você possa ser um alcoólatra do tipo Pitta.

1. Você espera até uma certa hora do dia para começar a beber, e isso lhe parece ser uma prova do seu autocontrole?
2. Você dá consigo esperando com ansiedade a hora do seu drinque do final da tarde?
3. Você ritualiza aspectos da sua bebida, exigindo certos ingredientes, misturas, tipos de copo etc.?
4. Você pára de vez em quando de beber durante alguns dias ou semanas para provar que você é capaz de fazer isso?
5. Quando você bebe, sente algumas vezes que está competindo com outras pessoas – ou com o próprio álcool – para mostrar o quanto consegue beber?
6. Quando você bebe, sente desprezo pelas pessoas que ficam tontas ou bêbadas?
7. Você às vezes combina o álcool com o exercício, como em jogos de *pickup softball* ou de basquete, ou quando joga golfe?
8. Quando bebe com outras pessoas, você dá consigo prestando atenção a quem está pagando as bebidas e de quando é sua vez de pagar uma rodada?
9. Você fica zangado e contestador quando bebe?
10. Você sente que sua vida cotidiana é uma luta, para a qual a bebida representa uma trégua ou uma recompensa?

O alcoolismo e Kapha

Sob o aspecto da nutrição, o álcool é uma forma de açúcar, e muitos casos de alcoolismo podem ser manifestações provocadas pelo vício do açúcar. Este é bem mais comum entre os indivíduos do tipo Kapha, que freqüentemente possuem um gosto inato por qualquer forma de açúcar. Esses indivíduos são especialmente suscetíveis ao "efeito ioiô" que acompanha a ingestão de açúcar em grandes quantidades, seja sob a forma de álcool, balas e bombons, ou qualquer outro tipo de doce. Após um breve "pique", segue-se uma forte sensação de fraqueza física ou apatia e depressão emocional. Como as pessoas do tipo Kapha são vulneráveis à depressão em qualquer caso, essa seqüência é extremamente pronunciada quando o dosha Kapha está desequilibrado. Um indivíduo do tipo Kapha profundamente alcoólatra tem a probabilidade de ser um indivíduo gravemente deprimido, com tendência a dormir demais, a ser obeso, a beber sozinho e até mesmo a pensar em suicídio.

Se você responder sim a duas ou mais das seguintes perguntas, existe um forte indício de que você seja um alcoólatra do tipo Kapha.

1. Você está muito acima do seu peso ideal e percebe que a bebida piora essa situação?
2. Você freqüentemente bebe sozinho em casa?
3. Você às vezes bebe na cama?
4. Depois de beber, você freqüentemente dorme por um longo tempo?
5. Você aprecia bebidas alcoólicas que contêm açúcar, ou gosta de misturá-las com refrigerantes?
6. Você nota que é naturalmente capaz de beber mais do que as outras pessoas?
7. Quando bebe, você fica inicialmente tonto ou levemente embriagado?
8. Depois de beber durante algum tempo, você freqüentemente começa a ficar triste ou sentimental?
9. Você às vezes transpira fortemente enquanto bebe?
10. Depois de beber à noite, você costuma notar que sua garganta ou peito estão congestionados no dia seguinte?

Se suas respostas a essas perguntas indicarem a presença de

um problema relacionado com a bebida, as técnicas ayurvédicas apresentadas na Terceira Parte do livro poderão ajudá-lo a lidar com ele. Mais uma vez, contudo, é sensato fazer uma avaliação médica se você suspeitar de que possa ser um alcoólatra.

6

O VÍCIO DE DROGAS ILEGAIS

O sonho de uma substância que transforma a realidade está profundamente enraizado na imaginação humana. A literatura védica contém muitas referências a um líquido místico chamado soma, o néctar dos deuses, que confere a imortalidade a qualquer um que o prove e, na mitologia grega, a ambrosia era considerada como tendo o mesmo poder. No Livro do Êxodo do Antigo Testamento, os israelitas enfrentaram a fome no deserto até que Deus providenciou o maná, uma substância que caiu como neve do céu e que tinha o gosto de qualquer comida que se pudesse imaginar.

A Bíblia contém várias idéias que podem nos ajudar a compreender a natureza do vício, particularmente do vício das drogas. Este último se apodera de homens e mulheres cuja vida cotidiana é como vagar pelo deserto, destituída de prazer e alimento espiritual. Quando algo se oferece para transportar essas pessoas para uma realidade inteiramente diferente, muitas delas aceitam a oferta simplesmente porque nada mais parece oferecer qualquer tipo de promessa. Mas como vimos no caso do álcool, uma das ironias do vício é que aquilo que começa como uma busca do prazer logo se transforma em uma luta constante para evitar a dor. Nos vícios de drogas mais adiantados, os efeitos debilitantes da privação se mostram maiores do que os prazeres de qualquer pique eufórico – e torna-se praticamente impossível, em qualquer caso, alcançar esse pique, à medida que o corpo desenvolve uma tolerância à substância viciadora. Logo o hábito da droga passa a existir simplesmente para manter afastados os sintomas da abstinência, e torna-se claro que o que pode ser o portão do paraíso simplesmente se abriu para um outro deserto.

A visão do vício como uma busca inútil, porém compreensível, está em oposição a aspectos da teoria da doença do comportamento de vício que é a base de muitos programas de tratamento. Essa teoria enfatiza a predisposição genética com relação à "infecção" do comportamento de vício, o qual, uma vez instalado, atua sobre a vítima de uma maneira bastante semelhante a qualquer outra doença infecciosa. Alguns defensores desse ponto de vista afirmam que uma única experiência de uma droga viciadora causa uma mudança permanente na química do cérebro da pessoa que a usou, o que dá origem a um anseio igualmente permanente de drogas. A exposição às drogas é comparável a sermos picados por um mosquito transmissor da malária ou da febre amarela. Tão logo isso acontece, o curso é estabelecido e o dano está feito.

Mas existem algumas diferenças relativamente óbvias entre o progresso do vício e o curso de uma doença infecciosa. Uma vez picada pelo mosquito transmissor da doença, a vítima não precisa ter uma participação consciente para que a infecção tenha início. Quanto à pessoa que faz uso da droga, uma série de ações mais ou menos voluntárias, contudo, precisa ser realizada, e em cada ponto existe o "escape", pelo menos como uma possibilidade física. O viciado precisa encontrar um fornecedor, pagar pelas drogas e, freqüentemente, completar uma complexa seqüência de preparações antes que as drogas possam efetivamente ser usadas. O viciado também precisa tomar a decisão de se envolver em uma atividade que é enfaticamente estigmatizada, tanto legal quanto moralmente, pela sociedade como um todo, e que traz consigo a possibilidade de graves penalidades. Todos esses passos exigem escolhas. Prefiro considerar que são escolhas conscientes, porque isso abre a possibilidade de que diferentes decisões possam ser tomadas em seu lugar.

Na minha opinião, a escolha é na verdade a base da cura. Essas escolhas precisam ter lugar em cada nível da existência do indivíduo, desde os pensamentos conscientes que dirigem o comportamento no mundo mais amplo às escolhas bioquímicas feitas por milhões de células em todo o corpo. Como salientou o psicanalista Thomas Szasz, as sociedades através da história encontraram muitas maneiras diferentes de condenar os chamados comportamentos que se desviam da norma. Na maioria das vezes, essa condenação tinha uma base religiosa, embora a observação da ortodoxia religiosa fosse freqüentemente uma máscara para o poder e o controle políticos. Hoje em dia nossa crença na ciência nos leva em direção de uma diferente terminologia de desaprovação, e o uso das drogas é visto como uma doença em vez de uma blasfêmia. Acredito que devemos usar o modelo de doença do vício com grande cautela, e devemos sempre nos lembrar de que o poder de cura reside sempre no paciente, e não no médico, no local de tratamento ou em algum medicamento particular. A verdadeira tarefa do médico é criar condições em que os poderes naturais de cura do paciente sejam capazes de funcionar com eficácia – ou seja, condições nas quais o corpo e o espírito do paciente possam escolher naturalmente a saúde em vez da doença, e a alegria em lugar da dor.

Enquanto escrevo este livro, uma nova campanha contra o uso da heroína está sendo introduzida pelo Partnership for a Drug-Free America, uma aliança sem fins lucrativos da mídia e de empresas de propaganda que durante vários anos têm criado e patrocinado mensagens contra as drogas. As novas mensagens a serem anunciadas aparecerão tanto nos jornais e revistas, quanto na televisão. Elas incluem depoimentos de antigos viciados em heroína, bem como justaposições irônicas dos efeitos das drogas com a imagem atraente que ela pode ter para seus possíveis usuários. Uma campanha da mídia como essa levanta importantes questões. Na medida em que ela retrata o uso das drogas como uma estratégia mal-orientada para a obtenção do prazer ou do poder pessoal, acredito que sua meta esteja correta. Mas é possível que o foco nos danos causados pelas drogas seja ineficaz, assim como a probabilidade de poder ser preso exerce pouco efeito na maioria das pessoas que cometem crimes. Os indivíduos que usam heroína na nossa sociedade não são particularmente vulneráveis ao medo do que possa acontecer a eles. Estão assustados e deprimidos com relação ao que já aconteceu a eles, embora possam não estar plenamente conscientes desse fato. As fontes da verdadeira alegria na vida deles são tão diminutas que os prazeres superficiais da heroína e de outras drogas se revelam mais intensos em comparação com elas. Mesmo antes de tocarem pela primeira vez na heroína, essas pessoas estão sofrendo profundamente. O que elas precisam é de alegria no sentido mais pleno da palavra. Elas já sabem o suficiente a respeito da dor.

PONTOS CARACTERÍSTICOS DO VÍCIO DAS DROGAS

A partir da perspectiva ayurvédica, a falta de alegria na vida da pessoa é a causa mais importante, bem como o efeito fundamental do vício. Mas existem também certos indícios do uso habitual das drogas que são visíveis na vida cotidiana do viciado. É importante dar atenção a eles tanto para efeito de diagnóstico quanto em função do que eles revelam a respeito da psicologia do viciado.

A lista das drogas potencialmente viciadoras é extremamente longa, e existem muitas distinções a serem feitas entre as características biológicas, psicológicas e sociais das diversas substâncias. A cocaína em pó, por exemplo, é, por via de regra, uma droga da classe média ou da classe alta, e seu efeito sobre o corpo difere da cocaína do rock, ou crack, que é vendida em unidades mais baratas e é mais popular entre as pessoas de menor poder aquisitivo. As anfetaminas são freqüentemente usadas tanto por motoristas de caminhão de longas distâncias quanto por estudantes universitários, enquanto o uso de opiáceos, como a heroína, está presente, até certo ponto, em praticamente todos os segmentos da população. Mas apesar das diferenças entre as diversas drogas e as pessoas que as usam, certos elementos característicos são comuns ao vício em geral. Por conseguinte, em vez de considerar individualmente cada droga, ou analisá-la em função da sua classe farmacológica, vamos nos concentrar nesta seção nas características comuns ao comportamento de vício como um todo.

À semelhança do que ocorre com o álcool, o uso das drogas com um objetivo "recreativo" ou para alterar a mente, tem feito parte da cultura humana há milhares de anos. A análise de tabuinhas de barro produzidas há quase sete mil anos, no reino da Suméria no Oriente Médio, revela uma palavra hieroglífica para ópio, e o contexto sugere que essa palavra encerra conotações de alegria e júbilo. Existem também indícios de que os Habitantes do Lago na Suíça, cuja cultura data de cerca de 2500 a.C., comiam sementes de papoula, que são a fonte natural do ópio e de seus derivados, como a heroína e a morfina. Entretanto, ao afirmar que o uso da droga existe desde os primeiros registros da história, não estou querendo dizer que o tolero. Na verdade, a tendência da sociedade humana de estigmatizar ou proibir certos comportamentos é tão antiga quanto o desejo de usar as drogas ou o álcool. Uma das primeiras expressões dessa tendência ocorre na história bíblica de Adão e Eva, que violaram a proibição de Deus comendo o fruto proibido da Árvore do Conhecimento. Por conseguinte, não podemos defender o uso das drogas simplesmente com base no fato de que isso é algo bastante "natural" para os seres humanos, porque também é natural para eles rotularem algumas ações de boas e outras de más. Não obstante, esses rótulos têm sido amiúde aplicados arbitrariamente, e o que era bom em um determinado século, com freqüência tornou-se indesejável em outro. Assim sendo, para discutirmos inteligente e objetivamente o uso das drogas, precisamos levar em conta tanto variáveis sociais e históricas, como fatores médicos e psicológicos.

O café, por exemplo, não é atualmente considerado uma droga ilícita na sociedade ocidental contemporânea, apesar do fato de que o uso intenso do café pode causar problemas físicos e emocionais. Ao surgir pela primeira vez na Europa, no século XVII, o café se tornou, de imediato, extremamente popular, e as autoridades civis se esforçaram para regulamentar seu uso e até mesmo proibi-lo. Isso demonstrou ser impossível, contudo, e os cafés se tornaram populares locais de reunião em todo o continente. Voltaire e outras figuras importantes do Iluminismo eram amantes do café, e o romancista francês Balzac morreu literalmente por causa do seu vício de café, que era tão pronunciado que ele chegou a consumir café sob a forma de uma espessa sopa. Hoje em dia, a dependência e até mesmo o vício do café são comuns nos Estados Unidos e na Europa, e podemos ver sintomas de abstinência claramente definidos entre os bebedores de café a quem é repentinamente negado o acesso à bebida. Mas nós consideramos o café uma bebida, e não uma droga. Analogamente, grandes consumidores de chocolate e açúcar satisfazem muitos dos critérios do vício das drogas, mas nós intuitivamente os colocamos em uma diferente categoria das pessoas que usam heroína ou cocaína.

O fato de certas drogas serem ilegais é provavelmente uma parte fundamental da sua sedução. Ao escolher usar essas substâncias, o indivíduo rejeita os valores da corrente principal da sociedade e se separa deles, ingressando em um subgrupo cuja vida é definida pelo vício. Se amanhã a heroína ou a cocaína fossem legalizadas, o que não estou defendendo, acredito que a maioria dos viciados ainda encontraria razões para obter ilegalmente essas drogas, bem como os meios de fazê-lo.

Os atuais critérios para o vício das drogas estão claramente definidos em o *Diagnostic and Statistical Manual of Mental Disorders, Fourth Edition* (1994), publicado pela American Psychiatric Association, e será proveitoso discutirmos individualmente cada um desses critérios de uma maneira sucinta antes de analisarmos o vício de substâncias específicas. Qualquer combinação de quatro ou mais dos comportamentos abaixo relacionados justifica um diagnóstico psiquiátrico do indivíduo como sendo viciado.

CRITÉRIOS DO DSM IV PARA O VÍCIO

1. Preocupação com a substância química entre os períodos de uso

Quer a pessoa seja viciada em jogo, heroína, açúcar refinado ou cocaína, a experiência é um turbilhão de satisfações a curto prazo dentro de um contexto maior de expectativa e frustração até que a expectativa seja satisfeita. Mas quando a substância viciadora é ilegal, a situação é mais psicologicamente complexa do que outra coisa. O envolvimento em atividades ilegais separa necessariamente o indivíduo, de uma maneira fundamental, das pessoas que não têm um envolvimento semelhante. Do ponto de vista do viciado ilegal, todo indivíduo com quem ele entra em contato é alguém que pode ajudá-lo a conseguir drogas ou entregá-lo à polícia. Todo mundo é um amigo ou um inimigo – e quase todas as pessoas serão inimigas, simplesmente em virtude da natureza da atividade. O vício de uma substância ilegal, por conseguinte, torna-se a característica que define a vida do viciado; ele é o filtro através do qual cada encontro é percebido. Isso não é função da bioquímica do vício ou das características intrínsecas das substâncias em si. Não é raro que os pacientes hospitalizados se tornem viciados em morfina ou outros analgésicos durante o curso do tratamento, mas eles não experimentam a solitária psicologia "eu contra o mundo" do viciado ilegal, para quem os aspectos anti-sociais e secretos do vício são uma parte fundamental da experiência. Como comentou um pesquisador: "É difícil para aqueles que nunca foram viciados em substâncias químicas [ilegais] compreender a importância que os viciados atribuem à droga de sua preferência... Não é raro que os viciados em cocaína admitam que, se forçados a escolher, escolheriam a cocaína em detrimento dos amigos, namoradas ou até mesmo da família."

2. Usando maior quantidade da substância química do que fora previsto

"Posso me abster, mas não consigo ser comedido", declarou o erudito do século XVIII, Samuel Johnson. Por acreditar que beber era moralmente errado, Johnson fez do chá, em vez do álcool, sua bebida predileta – ele freqüentemente tomava sessenta xícaras de chá em um único dia. Mas poucas "personalidades viciadas" possuem o nível de *insight* de Johnson com relação à sua falta de controle pessoal. Ninguém começa a usar drogas com a intenção consciente de se tornar um viciado, e muitas pessoas que "experimentam" substâncias químicas ilegais nunca se tornam viciadas. Mas é característico do viciado tanto superestimar seu poder de autocontrole quanto subestimar a força da sua dependência. Enquanto a pessoa não se convence que já adquiriu o vício, é bastante provável que o indivíduo que usa drogas defina um viciado como "qualquer pessoa que usa mais drogas do que eu"

3. O desenvolvimento da tolerância à substância química

A dependência dos narcóticos e outras substâncias controladas pode se desenvolver rapidamente, ou mesmo imediatamente no caso de drogas fortemente viciadoras como a cocaína e o crack. A tolerância aos efeitos da droga também pode ser rapidamente alcançada. No século passado, a tintura de ópio, conhecida como láudano, era habitualmente usada como analgésico. A dose usual era de vinte gotas em um copo d'água, duas vezes ao dia. Entretanto, o poeta inglês Samuel Taylor Coleridge freqüentemente consumia dois litros de láudano por semana e Thomas De Quincey, autor de *Confessions of an English Opium-Eater,* consumia até oito mil gotas da droga diariamente. Esse volume teria sido rapidamente fatal para um consumidor inexperiente.

O fenômeno da tolerância às drogas de um viciado, com a óbvia conseqüência da necessidade de maiores quantidades da substância, determina que o hábito precisa se tornar uma parte cada vez maior da sua vida. Uma vez mais, é importante enfatizar o efeito de isolamento que essa busca das drogas terá no relacionamento do viciado com a sociedade e salientar que esse isolamento pode ser uma importante intenção subjacente do vício da pessoa.

4. A síndrome de abstinência característica da substância química

Todas as drogas formadoras de hábito, inclusive a cafeína, o açúcar e o chocolate, produzem sintomas de abstinência quando seu uso é descontinuado. Algumas vezes, o sistema sofre um choque violento: no caso de uma pessoa que beba muito, por exemplo, a repentina privação do álcool pode causar convulsões e até a morte. Os romances e os filmes freqüentemente descrevem a retirada total da heroína como sendo intensamente dolorosa, e isso é verdadeiro. Existem indícios, contudo, de que o sofrimento que acompanha a retirada da heroína possa ser influenciada tanto pela situação em que a privação tem lugar quanto pelas expectativas da pessoa que usa a droga. Nas comunidades terapêuticas que desestimulam a expressão do sofrimento durante a retirada da droga, os viciados em recuperação experimentam bem menos desconforto do que costuma acontecer em outras situações de desintoxicação. Em muitos casos, a privação da heroína se parece com um caso grave de gripe.

5. O uso da substância química para evitar ou controlar os sintomas de abstinência

Apesar do fato de que os sintomas de abstinência podem ser influenciados por fatores externos, o medo do viciado de uma experiência extremamente difícil é freqüentemente empregado para justificar a continuidade do vício. Muito tempo depois dos prazeres decorrentes do uso da droga terem se tornado inatingíveis, o medo dos sintomas da retirada dolorosa pode motivar a continuação do uso.

6. Esforços repetidos para interromper ou diminuir o uso da substância química

Apesar do poder de autocontrole que os viciados freqüentemente atribuem a si mesmos, particularmente nos primeiros estágios do seu envolvimento com as drogas, eles freqüentemente se vêem atraídos em direções opostas durante o curso do vício. Por um lado, eles são confrontados pela condenação legal e moral da sociedade como um todo. É claro que essa rebeldia do viciado pode ser dolorosa, mas também pode despertar intensos sentimentos de resistência. E por outro, o viciado geralmente ingressa em um grupo formado por outras pessoas que usam a droga e que estimulam a continuação do vício, e perderá a amizade dessas pessoas se parar de usar a droga. No decurso de um único dia, o viciado é exposto literalmente a centenas de mensagens que o levam na direção das drogas e o afastam delas. Não deve causar surpresa, portanto, o fato de o vício incluir tipicamente muitas tentativas fracassadas da pessoa de permanecer afastada das drogas.

7. A intoxicação em ocasiões inadequadas (como no trabalho), ou quando a abstinência interfere com o funcionamento no dia a dia

É difícil definir o estresse, mas é fácil reconhecê-lo. Ele não é um sentimento bem definido como o amor ou o medo, mas está presente na nossa vida em quase todos os momentos, e ele se faz sentir tanto física quanto emocionalmente. Acredito que esse estresse penetrante seja um fenômeno único da vida moderna, e que nada parecido com ele tenha existido até relativamente pouco tempo na história da humanidade. O caçador pré-histórico que tentava arremessar sua lança contra um tigre dente-de-sabre certamente sentia um medo intenso; o homem da cidade medieval ameaçado pela Peste sem dúvida se sentia apavorado; e os fazendeiros do século XIX das planícies americanas devem ter se sentido indefesos quando sua colheita era ameaçada pela seca – mas esses sentimentos pelo menos tinham uma causa clara e efeitos conscientemente percebidos. Além disso, a religião, sob uma forma ou outra, sempre fornecia uma explicação para os problemas que estavam ocorrendo, bem como conforto para ajudar a enfrentá-los. Hoje em dia existe, sem dúvida, bem menos terror do que no passado, mas há mais tensão, um nível de ansiedade subjacente de baixo a moderado. Para o viciado, as drogas podem proporcionar um antídoto químico para o problema do estresse, uma realidade alternativa cujas dificuldades e perigos podem ser preferíveis às exigências da vida do dia a dia. Isso não significa que cada pessoa que usa heroína ou cocaína se retire durante vários dias de cada vez para uma barraca de tiro ao alvo em alguma área oprimida da cidade; pelo contrário, o viciado pode simplesmente fechar a porta do seu escritório por alguns momentos. No entanto, tão logo o viciado passa a contar com esse método de redução da tensão, este pode adquirir vida própria: o que começou como uma ação voluntária destinada a atingir um pique voluntário torna-se uma compulsão que visa evitar uma privação debilitante.

8. A redução das atividades sociais, ocupacionais ou recreativas em favor do uso adicional da substância química

"É tão maravilhoso que você não deve experimentar nem mesmo uma única vez." Essa citação, que freqüentemente aparece em livros sobre o abuso das drogas, é atribuído a um usuário anônimo de heroína tentando descrever sua experiência inicial com a droga. Sua observação paradoxal expressa apropriadamente o poder que certas drogas têm de primeiro ocupar e depois preocupar completamente a consciência de uma pessoa. O preço do êxtase quimicamente induzido é a crescente apatia com relação a todas as outras coisas. Isso foi experimentalmente demonstrado com ratos de laboratório que ficaram viciados em cocaína. Para obter a droga, os animais viciados não dão atenção a nenhum outro estímulo, inclusive para obter comida, água ou copular com outro rato. Essa diminuição do interesse é uma característica que define o vício das drogas, e um de seus aspectos mais perigosos.

9. O consumo das substâncias químicas continua apesar dos problemas sociais, emocionais ou físicos relacionados com seu uso

O escritor William S. Burroughs, que tem hoje mais de oitenta anos, tem sido viciado em heroína durante toda sua vida adulta. Em seu romance intitulado *Junky,* Burroughs escreveu: "A droga não é uma onda. É um estilo de vida." Tanto a longevidade de Burroughs quanto sua produção de obras criativas são certamente pouco características das pessoas que habitualmente usam drogas, mas ele está correto ao descrever o uso da droga como mais do que uma simples sensação produzida por uma série de reações químicas no corpo. O vício é uma orientação todo-abrangente com relação ao mundo, e diante dele, tudo o mais se torna pouco importante. Talvez isso até seja uma intenção latente na mente da pessoa que usa a droga, para quem o eu físico se torna tudo que ele conhece, tudo que ele precisa conhecer e tudo que ele quer conhecer. A interpretação psicanalítica do vício registra suas origens nas necessidades de dependência insatisfeitas nos primeiros estágios da vida e, em um certo sentido, o viciado efetivamente regride ao estágio do bebê que mama no peito ou na mamadeira. Nada mais importa, nada mais existe, e a perspectiva de que a fonte de alimentação possa ser removida é simplesmente aterrorizante.

O USO DAS DROGAS E OS DOSHAS

Vata

O uso da droga como vício começa como um tipo de barganha na qual a satisfação a curto prazo, imediata, é obtida com o risco de problemas físicos, emocionais e legais a longo prazo. A impaciência – com relação à sensação, à excitação e a aceitação dos companheiros – é um elemento fundamental do uso da droga em seus primeiros estágios. E à medida que o comportamento de vício continua, essa impaciência freqüentemente assume um caráter frenético, embora ele possa mais tarde se degradar, transformando-se no entorpecimento da apatia do vício adiantado. A partir do ponto de vista ayurvédico, a impaciência que caracteriza o uso da droga indica um desequilíbrio de Vata. Lembre-se de que Vata deriva do elemento do ar, e, à semelhança do vento, esse dosha está sempre mudando de direção e de intensidade, como se incapaz de descansar ou ficar satisfeito. O Ayurveda usa a palavra sanscrítica *sattva*, que significa pureza, para descrever a calma e a percepção clara da mente em seu estado natural. As drogas introduzem uma influência externa artificial no funcionamento da mente. Dependendo da droga, essa influência pode embotar os sentidos ou estimulá-los temporariamente. Mas o efeito supremo é sempre abalar o equilíbrio da mente e iniciar a inquietude e a imprevisibilidade que caracterizam o desequilíbrio de Vata. Vata também é um dosha extremamente seco, e o efeito diurético de muitas drogas pode ressecar o sistema, piorando a prisão de ventre e os problemas renais típicos de um Vata gravemente desequilibrado.

O uso de anfetaminas e outros estimulantes ativam imediata e gravemente Vata. Mas até mesmo os sedativos e os opiáceos, apesar de seus efeitos a curto prazo, podem ter o mesmo resultado. De qualquer modo, os diversos sintomas que acompanham a retirada das drogas viciadoras são basicamente distúrbios de Vata, e eles devem ser tratados com técnicas calmantes de Vata (apresentadas na Terceira Parte deste livro).

Pitta

O dosha Pitta é oriundo do elemento do fogo, e na literatura ayurvédica esse dosha é freqüentemente citado através de metáforas de calor. Pitta é responsável pela habilidade do corpo de digerir e metabolizar os alimentos, e a maioria dos distúrbios do aparelho digestivo ocorrem quando o fogo digestivo de Pitta está ardendo com excessiva ou pouca intensidade. É significativo que uma palavra como *burnout* [queimar-se, extinguir-se pelo fogo] seja freqüentemente aplicada aos efeitos do uso de drogas a longo prazo, particularmente de anfetaminas e outros estimulantes, ou ainda de alucinógenos como o LSD ou a maconha.

As pessoas com uma constituição predominantemente Pitta são geralmente voltadas para uma meta e exigentes consigo mesmas. Quando Pitta se desequilibra, elas podem se tornar realmente obcecadas, e não é raro que os indivíduos do tipo Pitta se envolvam com drogas por acreditarem que isso as ajudará a alcançar seus objetivos. O escritor francês Jean-Paul Sartre, por exemplo, usou anfetaminas durante vários anos num esforço de escrever o mais possível. O envolvimento com anfetaminas comumente causa dano aos olhos, e Sartre acabou perdendo a visão em decorrência do uso da droga.

Kapha

A depressão, a apatia e um estilo de vida sedentário são indicadores habituais do desequilíbrio de Kapha. Na tentativa de lidar com esses sintomas, os indivíduos do tipo Kapha se sentem freqüentemente atraídos por poderosos estimulantes, em busca de rápidas injeções de energia, ou pelos opiáceos como a heroína ou barbitúricos como o Valium que simplesmente exacerbam suas tendências inerentes. Em ambos os casos, as fontes naturais de vitalidade são exauridas em vez de desenvolvidas.

Entretanto, quando um indivíduo do tipo Kapha usa drogas por algum tempo, ocorre quase sempre um desequilíbrio de Vata, que precisa ser tratado antes que as necessidades do dosha dominante possam ser satisfeitas. Pode ser difícil reconhecer esse desequilíbrio quando o excesso de sono ou de comida, ou outros sintomas óbvios de depressão estão presentes. No entanto, a depressão e a ansiedade são, na verdade, dois lados da mesma moeda, e uma pessoa do tipo Kapha desequilibrada pode dormir doze horas por noite sem relaxar realmente mesmo por um momento. Tanto no caso das pessoas do tipo Kapha quanto no dos indivíduos dos outros tipos mente/corpo, as técnicas destinadas a equilibrar Vata descritas na Terceira Parte deste livro devem representar o primeiro passo no restabelecimento do equilíbrio do sistema após o uso das drogas.

7

O VÍCIO DE FUMAR

O papel do tabaco na vida americana é um dos temas mais calorosamente discutidos hoje em dia. Ao contrário do consenso existente com relação aos perigos do vício de drogas ilegais como a heroína, ou de uma droga legal, mas potencialmente perigosa como o álcool, não existe uma concordância geral a respeito da condição do fumo na nossa sociedade. Praticamente todos os médicos condenam o fumo, mas existem poderosos interesses políticos e financeiros que defendem e estimulam intensamente o uso do tabaco. Embora todo maço de cigarros contenha uma advertência do Surgeon General, os impostos sobre o cigarro proporcionam uma enorme receita aos governos federal e estaduais, o que deve necessariamente introduzir um certo nível de ambivalência em qualquer campanha que o governo possa fazer contra o fumo. Afinal de contas, o tabaco continua sendo um produto legal, o que as companhias de cigarro estão sempre ansiosas para salientar, e a nível federal nunca houve nenhum esforço realmente sério para mudar essa situação em muitos anos. No entanto, o fumo está diretamente envolvido com a morte de mais de mil americanos por dia.

O fumo e nossa atitude com relação a ele criam um dilema que se estende além dos limites comuns de uma discussão sobre o uso de drogas. Atinge questões fundamentais como finanças, demografia e liberdade individual de uma maneira que outras drogas não abrangem. A produção da coca ou da papoula que produz o ópio são importantes para a economia de nações como o Peru e o Afeganistão, e o governo dos Estados

Unidos exerce pressão sobre esses países para que eles interrompam o cultivo dessas plantas. No entanto, praticamente todo nosso tabaco é plantado dentro das fronteiras dos Estados Unidos apesar do fato de que as mortes relacionadas com o fumo atingem uma cifra que excede 400 mil por ano, um número bem maior do que o resultante de todas as outras formas de abuso de drogas. Mesmo quando a lei realmente tenta se impor com relação ao fumo, ela tem sido amplamente ineficaz – quando não é completamente desrespeitada. O fumo é ilegal entre os adolescentes, por exemplo, entretanto mais de três milhões deles têm o hábito de fumar.

Nos Estados Unidos, praticamente todo mundo sabe que o tabaco é prejudicial à saúde. Quando o rótulo "perigoso para a saúde" nos maços de cigarro se tornou uma exigência legal, as companhias de cigarro ficaram satisfeitas em aquiescer, acreditando que a presença de uma "advertência justa" as protegeria das ações judiciais dos fumantes que estivessem morrendo. Se isso de fato continuará a protegê-las ainda está para ser demonstrado, mas existem indícios de que as advertências e outros tipos de publicidade negativa relacionados com o fumo estão tendo algum efeito. Hoje, milhões de americanos param de fumar anualmente. No entanto, também é verdade que muitas pessoas acham impossível parar de fumar, e a maioria daquelas que param (ou que nunca começam) são provenientes de segmentos mais educados e afluentes da sociedade. O fumo está na verdade se tornando mais popular entre certos grupos demográficos, como o das meninas adolescentes e o dos rapazes negros. Um futuro brilhante também parece aguardar o tabaco em outras partes do mundo. A China, por exemplo, com seus mais de um bilhão de habitantes, tem um maior número de fumantes do que toda a população dos Estados Unidos.

A HISTÓRIA E A ATRAÇÃO DO FUMO

À semelhança do que ocorre com o álcool, o fumo tem tido uma função cerimonial em toda sua história. Fumar o "cachimbo da paz" era um ritual bastante conhecido entre algumas tribos dos índios americanos, e foi provavelmente nesse contexto que exploradores europeus como Sir Walter Raleigh depararam pela primeira vez com o tabaco. Atribui-se geralmente a Raleigh a introdução do tabaco na Inglaterra do século XVII, embora isso possa ser historicamente impreciso. O fumo já era conhecido na Europa desde as primeiras expedições de Colombo ao Novo Mundo, que tiveram lugar um século antes da de Raleigh. Com efeito, um companheiro de viagem de Colombo foi preso "para o bem de sua alma" ao acender um cigarro ao voltar para a Espanha. Quando ele foi solto, o fumo havia se tornado um passatempo popular em toda a Europa.

É interessante observar que desde o início, o fumo provocou reações ambivalentes, e até mesmo contraditórias, nos governos e até mesmo nas instituições religiosas. O fumo se tornou passível de pena de morte pouco depois de ter surgido na Alemanha. Na Rússia, os fumantes podiam ser condenados à castração, e, nos Estados Unidos, dez diferentes estados tiveram leis contra os cigarros até 1909. Mas a popularidade do fumo entre a população como um todo sempre foi forte. Nem mesmo medidas duras do governo conseguiram reduzir a disseminação do hábito do tabaco, e a impossibilidade de uma completa repressão oficial tornou-se óbvia. Ao contrário de hoje, a profissão médica se opôs inicialmente menos ao fumo do que os defensores da moralidade pública; até mesmo os médicos europeus encaravam o tabaco como um poderoso medicamento em vez de um vício. Mas independentemente da aprovação ou desaprovação de qualquer instituição oficial, sempre foi impossível interromper o fumo onde quer que o tabaco fosse introduzido.

Quando as máquinas de enrolar o cigarro foram inventadas no século XIX, chegou-se a um ponto crítico na história do tabaco. Anteriormente o tabaco era mastigado, inalado sob a forma de rapé ou fumado nos cachimbos ou como charutos, e a natureza incômoda desses métodos limitava o volume do consumo. Mas até mesmo as primeiras máquinas de enrolar cigarros eram capazes de produzir mais de 100 mil cigarros por dia. Além disso, os cigarros pré-enrolados eram mais baratos e mais fáceis de transportar. Eles também duravam menos do que outras formas de tabaco, de modo que o fumante tinha uma probabilidade maior de usá-los com mais freqüência. Vale a pena observar que a história do sistema de distribuição do tabaco pode ser comparada à da cocaína. Entre grandes segmentos da população, o uso da cocaína em pó foi amplamente suplantado pelo crack, que possui um baixo custo unitário, um efeito de curta duração e é "conveniente" de ser usado.

Até mesmo este breve esboço revela um importante aspecto da atração do fumo. Desde o início, ele tem sido uma forma fácil de transgressão contra a moralidade oficial, uma espécie de negócio arriscado que era inicialmente praticado pelos "índios selvagens". Por volta de 1920, o fumo era considerado uma marca de sofisticação nos Estados Unidos, da mesma maneira pela qual visitar um bar clandestino durante a lei seca permitia que as pessoas menosprezassem a autoridade nesse mesmo período. Não há dúvida de que isso ainda representa uma grande parte da atração do tabaco para certos grupos, especialmente nos adolescentes. Mas fumar também tem sido uma maneira de expressar camaradagem, maturidade e um senso de estilo pessoal, como qualquer pessoa que já assistiu a um filme de Humphrey Bogart ou Bette Davis certamente perceberá. Foi apenas nas últimas décadas que ocorreu uma verdadeira mudança na consciência com relação ao fumo entre grandes segmentos da população. Mas até mesmo essas mudanças recentes têm sido em sua maior parte restritas a certos grupos nos Estados Unidos.

O VÍCIO DO FUMO

Independentemente de como o fumo era encarado no passado pela profissão médica em geral, hoje em dia praticamente todos os médicos aconselham da maneira mais veemente possível seus pacientes a não fumarem. Embora a indústria do tabaco continue a negá-lo, a natureza viciadora do fumo parece agora indiscutível.

A fumaça do tabaco contém cerca de quatro mil diferentes compostos químicos – inclusive o monóxido de carbono, a amônia, o cianeto de hidrogênio, e o formaldeído – mas é do conhecimento de todos que os principais princípios psicoativos derivam da nicotina. Os pesquisadores discordam com relação à potência dos efeitos da nicotina em comparação com substâncias como a cocaína ou as anfetaminas, mas não existe nenhuma dúvida de que a nicotina é extremamente viciadora. De 3 a 20 por cento das pessoas que experimentam alguma vez a cocaína acabam se tornando viciadas, mas de um terço a metade das pessoas que "experimentam" o tabaco ficam viciadas. As pesquisas demonstraram que o adolescente que fume apenas quatro cigarros tem uma probabilidade de 94 por cento de continuar a usar o tabaco durante um período substancial da sua vida.

Existem muitas abordagens ao tratamento do vício do tabaco e da nicotina. Praticamente todas elas alcançam êxito no caso de certos fumantes, enquanto outras pessoas continuam incapazes de parar de fumar por mais que tentem. Isso sugere que o segredo reside mais na mente e no coração do fumante do que no tratamento – e tirei essa conclusão a partir da minha experiência pessoal.

Comecei a fumar aos dezessete anos de idade. Com o passar dos anos tentei parar várias vezes, mas nunca obtive sucesso por muito tempo. Acabei com o meu hábito de fumar, e passei a ficar zangado comigo mesmo por entregar-me a ele. Freqüentemente eu jogava fora os últimos cinco cigarros de um maço prometendo a mim mesmo que iria parar de fumar. Mas depois de mais ou menos uma hora sempre abria furtivamente um novo maço. Percebi que de certa maneira o ciclo da auto-reprovação e da culpa era um mecanismo que mantinha vivo meu hábito, mas esse *insight* não tinha nenhum efeito prático sobre o fato de eu fumar. Simplesmente repetia interminavelmente a seqüência. De acordo com a perspectiva ayurvédica, minha intenção de parar de fumar era sobrepujada pelas memórias do fumo e dos desejos que elas despertavam.

Então, certa noite eu fui ao balé. Enquanto eu admirava os graciosos dançarinos na escuridão, podia ouvir os chiados da minha respiração ofegante. O contraste exerceu sobre mim uma poderosa impressão. Enquanto me esforçava para respirar, esplêndidos atletas deslizavam pelo palco à minha frente.

No dia seguinte, quando estava prestes a abrir um novo maço de cigarros, me senti mais culpado por fumar do que de costume. Mas já aprendera então que a culpa não era suficiente para acabar com meu vício; de uma maneira misteriosa, a culpa o incentivava. Assim, em vez de combinar a experiência tóxica do fumo com minha auto-reprovação tóxica, deixei meus pensamentos retornarem aos belos dançarinos que vira na noite anterior. Ao fazer isso, finalmente, descobri a maneira de romper a cadeia do meu comportamento de vício, e joguei fora meu maço de cigarros. Nas semanas seguintes, procurava pensar nos bailarinos sempre que sentia vontade de fumar. Desisti de tentar lutar contra meu vício, substituindo-o, em vez disso, por uma alternativa positiva.

Não estou sugerindo que essa seja uma milagrosa descoberta da minha parte. As técnicas cognitivas e as visualizações positivas são a base de numerosas terapias do vício. Mas eu chegara a um ponto em que sinceramente queria parar de fumar. Ao combinar essa intenção com uma visão de beleza e saúde, fui capaz de criar uma nova seqüência de memória, ação e desejo. A lembrança dos dançarinos motivou-me a agir, jogando fora os cigarros, e essa ação representou uma experiência positiva que fez com que me sentisse bem a respeito de mim mesmo. O sentimento era mais poderoso do que qualquer prazer que eu pudesse extrair do cigarro, e o desejo de experimentar esse sentimento era mais forte do que o meu desejo de fumar. Há,muitos anos que não fumo um único cigarro.

Ao contar como consegui parar de fumar, quero enfatizar a importância da intenção sincera. Os dançarinos do balé foram uma visão bela e inspiradora, mas sem dúvida eu vira outras visões desse tipo durante meus anos de fumante. De repente, contudo, estava pronto para me tornar totalmente consciente desses bailarinos e para ver algo maravilhoso que a vida tinha a oferecer, e sentir com minha respiração chiada a maneira como vinha negando isso a mim mesmo.

Você chegou a esse ponto de intenção sincera de parar de fumar? Se chegou, estou certo de que as informações contidas nas páginas seguintes poderão ajudá-lo a parar.

PARAR DE FUMAR: UMA ABORDAGEM AYURVÉDICA

Considerando-se a popularidade mundial do fumo, é evidente que o vício não está limitado a nenhum grupo bem definido de pessoas. A partir de uma perspectiva ayurvédica, podemos ver como cada um dos três tipos mente/corpo pode ser atraído pelo fumo por diferentes razões.

As pessoas do tipo Vata têm probabilidade de usar o tabaco como uma maneira de lidar com a energia turbulenta. Segurar um cigarro proporciona um escape para o nervosismo e a incapacidade de ficar parado, característicos de Vata quando está desequilibrado. Os indivíduos do tipo Vata podem se mostrar mais inclinados a parar de fumar do que os do tipo Pitta ou Kapha, mas isso se deve amplamente ao fato de os primeiros se inclinarem mais para a mudança de um modo geral. Embora eles possam ter mais facilidade para parar de fumar, também têm uma maior probabilidade de recomeçar. É raro encontrar um fumante de meia-idade do tipo Vata que não tenha jurado que não iria mais fumar pelo menos três ou quatro vezes.

No caso das pessoas do tipo Pitta, o fumo expressa o anseio de poder e auto-afirmação característico desse dosha. Essas pessoas não gostam de ser mandadas; por conseguinte, nenhuma quantidade de publicidade negativa a respeito do fumo deverá exercer algum efeito sobre elas. Com efeito, a experiência de "brincar com fogo" – tanto literal quanto figuradamente – encerra uma grande atração para o caráter do tipo Pitta. Esses indivíduos também são apegados a comportamentos altamente programados e ritualizados, e é provável que eles sintam intensamente a necessidade de fumar em certos momentos do dia, especialmente após as refeições.

Os indivíduos com o dosha Kapha dominante na maioria das vezes usam o fumo como uma extensão do seu estilo de vida lento e contemplativo. Os charutos exercem uma atração especial sobre muitos homens do tipo Kapha; a experiência de se sentar em uma cadeira confortável com um grande charuto é muito mais atraente para a sensibilidade de uma pessoa do tipo Kapha do que para uma do tipo Vata ou Pitta. À semelhança do que ocorre com os indivíduos do tipo Pitta, os do tipo Kapha podem resistir obstinadamente a parar de fumar.

Independentemente de seu tipo mente/corpo, acredito que qualquer pessoa que deseje parar de fumar pode se beneficiar da técnica de quatro pontos abaixo descrita. Como no caso do álcool, contudo, o sucesso depende da crença com uma base espiritual de que você realmente quer substituir o fumo na sua vida por um tipo diferente de prazer, uma ordem mais elevada de satisfação. Antes de tentar parar, examine o que o fumo proporcionou a você, bem como quanto ele custou. Chegue a um ponto de intenção sincera, e depois use o método abaixo como um guia prático para traduzir essa intenção em ação.

Quatro passos para acabar com o hábito de fumar

1. Se você é como a maioria dos fumantes, provavelmente acende seus cigarros, utiliza-os e os joga fora sem se conscientizar realmente do que está fazendo. Com o passar dos anos, esses comportamentos se transformaram em reflexos tão profundamente enraizados que ocorrem quase que automaticamente. Assim sendo, o primeiro passo na direção de parar de fumar é tomar consciência do fato de que você *está* fumando. Antes de acender o cigarro, faça um esforço consciente para

tornar o processo mais lento. Olhe para o cigarro que está na sua mão, e enquanto você faz isso, ouça os sinais internos do seu corpo. Seu corpo realmente quer esse cigarro? Ou o cigarro é apenas uma maneira de encobrir alguma coisa que você está pensando ou sentindo? Mesmo que você decida que realmente quer fumar o cigarro, o fato de você prestar atenção ao seu corpo tornará mais lento o processo e desligará seu "piloto automático". Embora possa parecer estranho, quando estiver aprendendo esta técnica pela primeira vez, pode ser útil você se olhar no espelho enquanto se prepara para fumar. Isso o ajudará a se tornar um observador consciente de si mesmo durante os momentos críticos em que você está prestes a acender um cigarro. Lembre-se sempre de que um passo importante ao lidar com qualquer vício é eliminar o comportamento de urgência e substituí-lo por uma consciência plena. O simples fato de você se conscientizar do que está fazendo pode freqüentemente ajudá-lo a fazer um progresso rápido na direção de acabar com o hábito de fumar.

2. À semelhança do que ocorre com a bebida e outros comportamentos de vício, o impulso de fumar é freqüentemente desencadeado por uma vasta gama de deixas e sinais. Muitas pessoas acendem inconscientemente um cigarro enquanto estão falando no telefone ou bebendo uma xícara de café. Tente fazer do ato de fumar uma atividade isolada e independente. Isso facilitará a conscientização discutida no item 1. Mesmo que você continue a fumar durante algum tempo, pelo menos ficará consciente do que está fazendo. Também ficará consciente das sensações associadas à atividade.
3. Tão logo você tenha desenvolvido um grau de conscientização com relação ao seu hábito, comece a introduzir alguns pensamentos novos no processo de fumar um cigarro. Para mim, isso foi a visualização dos dançarinos de balé, mas você pode usar qualquer pensa-

mento ou lembrança agradável. Entretanto, ele deve ter um significado espiritual definido e você precisa recorrer à recordação com uma intenção sincera. É difícil definir precisamente o que isso significa, mas você saberá intuitivamente a diferença entre um pensamento que o conduza à esfera do espírito e outro que seja destituído de um significado espiritual. Concentre-se nesse pensamento ou lembrança. Deixe que ele ofusque seu desejo de fumar. Que aspirações ele desperta na sua mente? Que sentimentos ele cria em seu corpo? Permita-se vivenciar essas coisas com uma atenção consciente até que o desejo de fumar tenha passado.

4. Concentrar-se em um pensamento ou lembrança com um significado espiritual é, na verdade, uma forma básica de meditação – um primeiro passo na profunda aventura da consciência. A meditação é discutida mais plenamente na Terceira Parte deste livro, junto com outras técnicas destinadas a ajudar você a entrar em contato com seu eu superior. Essas técnicas são tremendamente úteis e talvez até indispensáveis para acabar com qualquer tipo de vício. Com efeito, nunca encontrei uma pessoa que regularmente meditasse, praticasse ioga ou seguisse uma disciplina ligada à espiritualidade que estivesse ao mesmo tempo envolvida com comportamentos de vício. *Na minha opinião, a única solução duradoura para o fumo ou qualquer tipo de vício repousa na descoberta da nossa verdadeira natureza espiritual.*

8

O VÍCIO DE COMER

Sabe-se que durante os anos que passou no Institute for Advanced Study em Princeton, New Jersey, Albert Einstein ficava profundamente absorto em suas contemplações científicas. Em sua história sobre o instituto, *Who Got Einstein's Office?*, Edward Regis narra um incidente que aconteceu certa tarde quando o grande físico estava caminhando sozinho perto de sua casa. Einstein encontrou um colega mais jovem do instituto, e os dois homens conversaram durante alguns minutos. Quando se dispuseram a continuar cada um seu caminho, Einstein hesitou.

– Desculpe-me, mas quero fazer uma última pergunta – disse ele. – Quando paramos para conversar há pouco, eu estava andando em direção à minha casa ou me afastando dela?

Muitas pessoas teriam ficado surpresas com uma pergunta dessas, mas aqueles que trabalhavam com Einstein tinham aprendido a esperar qualquer coisa.

– Você estava se afastando de casa – respondeu o professor mais jovem. – Tenho certeza disso.

– Ótimo – disse Einstein com um sorriso. – Isso significa que eu já almocei. – E continuou a andar em direção a seu escritório.

Talvez Einstein não se importasse realmente com a comida, pelo menos desde que tivesse uma quantidade suficiente dela. Mas se ele não pudesse comer durante alguns dias, você pode ter certeza de que os pensamentos de Einstein se afastariam dos mistérios do tempo e do espaço e se concentrariam em descobrir a melhor maneira de conseguir um sanduíche de manteiga de amendoim. Ninguém é realmente indiferente à comida – somos todos "viciados" nela. Mas a intenção da natureza é que esse seja, de todas as maneiras, um vício positivo, e o Ayurveda coloca uma grande ênfase nas sensações e prazeres associados à ingestão de alimentos nutritivos, bem como a importância da alimentação para nossa saúde.

É lamentável que nossa sociedade, que conseguiu eliminar o problema da fome melhor do que qualquer outra cultura da história, tenha no lar uma vasta coleção de distúrbios alimentares. Todos esses distúrbios são perigosos, e, em suas formas extremas, prejudiciais à vida. Existem também indícios de que a situação está se tornando cada vez pior, especialmente com relação ao problema do excesso de peso da população como um todo.

Estatisticamente, é extremamente provável que você esteja pessoalmente familiarizado com um ganho excessivo de peso. Estima-se que metade da população adulta dos Estados Unidos faça dieta pelo menos uma vez por ano. A indústria de produtos de emagrecimento é um negócio de 30 bilhões de dólares anuais. No entanto, o peso do americano médio continua a aumentar, e os assentos nos novos estádios de beisebol são agora um centímetro e meio mais largos do que anteriormente.

Até certo ponto, essa expansão coletiva possui uma explicação tecnológica. As pessoas simplesmente não fazem mais tanto trabalho físico quanto antes, de modo que não queimam o mesmo número de calorias. Além disso, a alimentação de muitas pessoas é diferente da de seus pais, contendo mais açúcar refinado e gramas adicionais de gordura. Mas apesar dessas variáveis externas, se você for muito gordo, existe uma alta probabilidade de que seus hábitos alimentares encerrem elementos de um comportamento de vício.

Esta é uma área na qual as técnicas e *insights* ayurvédicos podem ser particularmente eficazes. Para os videntes da antigüidade que criaram o Ayurveda, o ato de comer e a escolha dos alimentos eram extremamente importantes. Os princípios que eles estabeleceram, que foram aperfeiçoados através dos séculos, são notáveis tanto pelo seu bom senso quanto por sua coerência com as pesquisas atuais sobre os distúrbios alimentares. Eles simplesmente funcionam. As informações e técnicas apresentadas neste capítulo podem ajudá-lo rapidamente a eliminar hábitos alimentares compulsivos ou viciadores. Elas podem ser os primeiros passos em direção a encontrar um verdadeiro prazer em comer e uma verdadeira alegria na vida.

A COMIDA E O COMPORTAMENTO DE VÍCIO

Os bebês recém-nascidos choram. Eles não sabem por que estão chorando, apenas sabem que *alguma coisa está errada, que alguma coisa os está fazendo sofrer.* Mas a mãe do recém-nascido sabe que o bebê está com fome e é bem fácil resolver esse problema. Quando os lábios do bebê se fecham em torno do mamilo e o leite começa a jorrar, a *coisa* que estava errada começa a parecer certa. Onde havia dor, existe agora prazer. Mais uma vez, o bebê não conhece os mecanismos desse processo. Ele só sabe que comer faz as coisas parecerem melhores – e essa é uma ligação que nenhum ser humano provavelmente jamais esquecerá.

A natureza determinou que o desconforto causado pela fome seria diminuído pela comida. Mas e os desconfortos causados pela pressão no trabalho? Ou pela solidão, ou pela raiva? E o que dizer da dor emocional decorrente do fato de estarmos com um grave excesso de peso – *ela* pode ser aliviada pela comida? Sem dúvida, a resposta a curto prazo é sim, assim como esses problemas também podem ser momentaneamente eliminados por um drinque ou uma injeção de heroína. Mas esses paliativos são, na verdade, uma regressão a um estado de dependência infantil, uma tentativa de recuperar a sensação que o bebê que chora experimenta quando, de repente, se sente milagrosamente melhor. Lamentavelmente, essa é uma área em que realmente não podemos recuar no tempo. Com relação ao vício de comer, a lição a ser aprendida é a que se você é um adulto, não tente lidar com seus problemas da mesma maneira como você fazia quando era bebê.

Se você está infeliz no trabalho, deve conversar com seu supervisor. Se está insatisfeito com um relacionamento, deve expressar seus sentimentos. E se realmente está com fome, independentemente de estar gordo ou não, não hesite em comer. Mas se você não está com fome, não coma.

Se você não está com fome, não coma! Quero enfatizar esse ponto porque ele é realmente a chave para a superação do vício de comer. Em nossas discussões sobre o álcool, as drogas e o fumo, tentei dar atenção aos prazeres dessas substâncias bem como aos perigos que elas apresentam. Mas existe realmente a necessidade de enfatizar os prazeres da comida? Sem dúvida, existem pessoas como Albert Einstein, que têm muitas outras coisas na mente, mas para a maioria de nós, comer é uma grande fonte de felicidade. Mas quando comer se torna nossa *principal* fonte de felicidade, ou mesmo nossa única fonte de felicidade, a tendência é que surjam problemas. Como no caso de outros comportamentos de vício, o desafio que o vício da comida encerra repousa em encontrar alternativas positivas e verdadeiramente agradáveis. Não se trata simplesmente de comer menos e sim de fazer algo agradável no lugar. Na Terceira Parte deste livro, você encontrará algumas sugestões com relação à alimentação, bem como algumas idéias que irão ajudá-lo a descobrir novas fontes de alegria em sua vida e terá muitas oportunidades de explorar essas novas fontes. Lembre-se: *Se você não estiver com fome, não coma!*

Isso não será necessariamente fácil, pelo menos no início, e exigirá um pouco de concentração. Mas ao aprender a escutar seu corpo e compreender suas mensagens, você pode transformar essa frase em um princípio que irá modificar sua vida.

Se você já vem há algum tempo lutando contra o vício da comida, talvez tenha literalmente esquecido como distinguir a verdadeira fome de algum outro anseio "disfarçado". A verdadeira fome é um sinal que vem de dentro do seu corpo e que diz que seu sistema está preparado para ingerir e metabolizar os alimentos. Muitas outras necessidades, insatisfações ou anseios podem fazer com que você ponha a comida na boca, mas seu sistema digestivo não será capaz de processar eficazmente os alimentos, e eles serão armazenados sob a forma de gordura. Ao aprender a distinguir a verdadeira fome, você precisa ter a mente alerta. À semelhança do que ocorre com o fumo, você precisa transformar os comportamentos alimentares automáticos e reflexivos anteriores em atitudes conscientes e alertas – e existe uma técnica surpreendentemente simples que pode ajudá-lo a fazer isso. Siga-a durante as duas próximas semanas e você não apenas passará a comer mais sensatamente, como também começará a escutar seu corpo de uma maneira fundamental para a abordagem ayurvédica à saúde humana.

Antes de começar a comer, seja um lanche no meio da manhã ou um jantar formal, ponha a mão no estômago e avalie conscientemente seu nível de fome. Seu estômago está lhe dizendo que você está realmente com fome, ou seu desejo de comer tem outra origem? O que você está realmente sentindo? O que você *realmente* quer?

Quando começar a comer, ponha de vez em quando a mão no estômago para verificar seu nível de satisfação. Coma até o ponto em que se sentir agradavelmente saciado, e não ache que tem que continuar comendo até não conseguir engolir nem mais um bocado. O estômago não é como um tanque de carro que precisa ser abastecido até a boca sempre que você pára em um posto. O Ayurveda ensina que o aparelho digestivo do ser humano é como o fogo: o excesso de combustível pode abafá-lo. O ideal é que você não coma mais do que três quartos da sua capacidade, e, com a prática, pode aprender a identificar esse ponto com precisão. Experimente pôr a mão várias vezes por dia sobre o estômago para avaliar seu nível de fome. Talvez até queira manter um registro escrito, anotando como se sente em diferentes ocasiões e como seu comportamento alimentar reflete o que você sente.

Ter consciência, intenção e a mente alerta, e aprender a se concentrar na inteligência interior do seu corpo e na suprema sabedoria do universo, que se expressa em você, são os princípios orientadores da alimentação saudável. Ninguém pode lhe dizer o quanto você "deveria" pesar ou quando você "deveria" comer. Na verdade, é você que sabe essas coisas. Só precisa se tornar consciente da sabedoria interna do seu corpo.

O VÍCIO DE COMER E OS DOSHAS

Vata, Pitta e Kapha se expressam através da comida de maneiras características. Mas à semelhança do que ocorre com outros vícios, existe geralmente um desequilíbrio de Vata se o comportamento de vício de comer já estiver ocorrendo há algum tempo. Mantenha isso em mente enquanto examina as descrições que se seguem. Mesmo que suas respostas ao questionário mente/corpo indiquem que você é um tipo Kapha ou Pitta, preste uma atenção particular às informações sobre os hábitos alimentares de Vata. Na Terceira Parte do livro, você encontrará sugestões para uma alimentação especialmente projetada para acalmar Vata.

Vata

A irregularidade é uma característica do comportamento alimentar de Vata, especialmente quando o dosha está desequilibrado. Algumas vezes as pessoas do tipo Vata podem seguir uma dieta extremamente organizada; podem até se interessar, de repente, pelos efeitos nutritivos de vários tipos de comida bem como pelos possíveis perigos da contaminação por pesticidas e outros aditivos. No entanto, elas podem, também, repentinamente sentir um desejo intenso de comer uma coisa completamente diferente – sorvete, biscoitos, carne vermelha, barras de chocolate – e os indivíduos com o dosha Vata desequilibrado têm dificuldade em resistir a essas tentações. Esse comportamento de festa ou banquete é de certa maneira comparável à pessoa que costuma se embebedar, e gera a sensação de que a vida dela está fora de controle. Paradoxalmente, os indivíduos do tipo Vata também podem comer sistemática ou mesmo constantemente. Como acender um cigarro atrás do outro, enfiar coisas na boca o dia inteiro é simplesmente uma manifestação de uma ansiedade generalizada.

Pitta

Como em todas as outras áreas da vida, a alimentação de Pitta se caracteriza pela necessidade de organização e previsibilidade. Quase todos os indivíduos do tipo Pitta gostam de comer três refeições por dia e preferem fazê-las exatamente à mesma hora. A composição da comida pode ser menos importante do que sua constância. O filósofo Ludwig Wittgenstein, cujas idéias refletem uma extrema perspectiva de Pitta, fez certa vez o seguinte comentário: "Não me importo com o que eu como, desde que seja a mesma coisa todos os dias." A maioria das pessoas do tipo Pitta provavelmente não iriam tão longe, mas elas tendem a se irritar se seus padrões de alimentação ou quaisquer outros padrões da sua vida forem perturbados. Quando isso ocorre, como inevitavelmente acontece, a raiva que jaz debaixo da superfície da personalidade Pitta tem a tendência de vir à tona. Muitas pessoas do tipo Pitta viciadas em comer usam a comida como uma expressão da raiva – elas literalmente "engolem sua raiva". Sem se darem conta disso, os indivíduos com um desequilíbrio do dosha Pitta podem efetivamente encarar o comer excessivo habitual como um ato de rebeldia, uma expressão de desafio contra a injustiça do mundo.

Kapha

A sensualidade inata da natureza Kapha pode facilmente se expressar através da comida, e quando outras fontes de prazer são negadas ou desconsideradas, os indivíduos com um desequilíbrio do dosha Kapha podem comer quase constantemente, não apenas às refeições como quando vêem algo tentador em uma padaria ou *delicatessen*. Inerente à personalidade Kapha está o desejo de evitar a confrontação, não apenas com as outras pessoas como também com as questões emocionais em si mesmas. A comida serve para "encobrir" ou "abafar" as emoções intensas, mas como isso não lida realmente com a essência dos sentimentos, o resultado pode ser um senso de depressão. Em um círculo vicioso, as pessoas com Kapha em desequilíbrio podem tentar lidar com sua depressão comendo ainda mais. É importante observar que o vício da comida freqüentemente dá origem a graves problemas de saúde nas pessoas com esse dosha dominante. O diabete e a obesidade, ambas exacerbadas pelo amor dos indivíduos do tipo Kapha pelos doces, são dois problemas bastante comuns.

A ALIMENTAÇÃO SAUDÁVEL: UMA ALTERNATIVA PARA O VÍCIO DE COMER

No Ocidente, os alimentos são classificados de acordo com seu conteúdo de gordura e o número de calorias que contêm. Nos últimos anos, também estabelecemos uma distinção entre os chamados alimentos orgânicos e os altamente processados e que contêm vários aditivos. Mas embora utilizemos essas palavras ao decidirmos o que comer, é pouco provável que muitas pessoas realmente saibam o que esses termos significam. A maioria das pessoas simplesmente acredita na idéia de que "menos é mais"; em outras palavras, menos calorias e um menor teor de gordura significa uma boa qualidade alimentar. Dependendo das necessidades do indivíduo, essa suposição nem sempre é verdadeira. Se você precisa de uma energia imediata e contínua, por exemplo, os alimentos altamente calóricos podem ser extremamente benéficos.

O Ayurveda classifica os alimentos com base em um sistema altamente experimental. Este não envolve números, gramas ou calorias por grama. Em vez disso, as categorias ayurvédicas se baseiam no verdadeiro sabor dos alimentos quando os colocamos na boca. Esse sistema do saber é altamente desenvolvido, e o Ayurveda reconhece seis categorias distintas. Familiarizando-se com os seis sabores e seguindo o importante princípio ayurvédico de incluir os seis sabores em todas as refeições, você pode eliminar muitas das sugestões que estão por trás do comportamento de vício alimentar e também apreciará mais sua comida.

Os seis sabores são: *doce, ácido, salgado, picante, amargo* e *adstringente*. Sem dúvida, quatro deles são bastante familiares, mas os sabores picante e adstringente podem parecer novos. Eis alguns exemplos comuns dos seis sabores:

- Doce: açúcar, mel, arroz, trigo, pão, leite, creme
- Ácido: queijo, iogurte, limão, ameixa, e outras frutas ácidas
- Salgado: qualquer alimento ao qual o sal tenha sido adicionado
- Picante: todos os alimentos picantes, inclusive as pimentas do tipo chili, salsa, pimenta de caiena e gengibre
- Amargo: espinafre, alface romana e todas as verduras de folhas verdes
- Adstringente: feijão, lentilha, romã, maçã, pêra e repolho

O sabor doce é de longe o mais popular na maioria dos países ocidentais, e merece uma atenção especial. Nosso "vício do açúcar" freqüentemente começa na infância, com os alimentos industrializados para o café da manhã e as barras de chocolate, e, no caso da maioria das pessoas, esse anseio por doces dura a vida inteira. Além disso, certos alimentos que não são intrinsecamente doces geram o desejo de comer doces: a carne vermelha, por exemplo, freqüentemente faz com que muitas pessoas tenham vontade de comer uma sobremesa bem doce. Ao implementar uma abordagem ayurvédica à sua alimentação, comece por avaliar o papel que o doce desempenha em seus hábitos alimentares. Existe uma alta possibilidade de que esse sabor represente uma grande parte da sua ingestão total de comida. Para reduzir a vontade de comer doces, experimente tomar um pouco de mel no lugar de alimentos que contenham açúcar refinado. Como o açúcar gera o desejo de mais açúcar, tomar mel no café da manhã pode ajudar a romper uma cadeia de alimentos doces que, de outro modo, poderá durar o dia inteiro.

Tão logo você se torne consciente dos alimentos doces na sua alimentação, poderá começar a notar também a presença ou ausência dos outros sabores. Com um pouco de esforço, você pode planejar suas refeições de modo a incluir nelas todos os sabores, ou a maior parte deles, e talvez fique surpreso com o efeito dramático que isso poderá exercer não apenas em seus hábitos alimentares mas também em sua vida como um todo. Os sabores podem influenciar diretamente nossas emoções, o que é evidente até mesmo na linguagem que usamos para descrevê-las; frases como "doces recordações", "dor amarga", e "uvas ácidas (verdes)" são alguns exemplos desse fato. Eles são capazes de influenciar nosso estado físico. Alguns temperos picantes podem literalmente nos fazer suar, enquanto sabores mais frios como a hortelã podem produzir uma sensação geral de frescor.

Ao incluir todos os sabores nas refeições, você pode transformá-las em uma experiência mais completa e satisfatória, tanto sob o aspecto emocional quanto nutritivo. Um bom livro de receitas culinárias ayurvédicas pode ajudá-lo a planejar suas refeições, e até mesmo o planejamento o tornará mais consciente do que você come. Recomendo especialmente o livro *A Simple Ceremony*, de autoria de Ginna Bragg e meu colega David Simon, M.D.

OS LIMITES DO BEHAVIORISMO

Como os distúrbios alimentares predominam fortemente na nossa sociedade, eles têm sido intensamente analisados tanto pela comunidade científica quanto pela comercial. Imensos lucros aguardam qualquer pessoa capaz de oferecer uma maneira rápida e fácil de controlar o comer excessivo, e tem havido casos nos quais grandes sucessos ocorreram nessa área, pelo menos a curto prazo. Uma vez mais, contudo, quero enfatizar a importância da *intenção sincera* e da *consciência espiritual* em qualquer solução permanente para qualquer comportamento de vício.

Creio que a seguinte história ilustra bem os limites de uma abordagem puramente mecanicista ao vício da comida. Ela é narrada por Andrew Weil, M.D., e Winifred Rosen no excelente livro de autoria de ambos, *From Chocolate to Morphine*.

Uma mulher jovem fora profundamente viciada em chocolate durante vários anos. Tinha necessariamente que comer chocolate várias vezes ao dia, e sua vida se tornara literalmente organizada ao redor dessa compulsão. Se ela acordasse no meio da noite e não tivesse chocolate em casa, não hesitava em entrar no carro e procurar um supermercado que ficasse aberto 24 horas por dia a fim de satisfazer sua necessidade. Depois de se submeter a esse vício durante vários anos, ela procurou uma clínica especializada em distúrbios alimentares. O tratamento não foi de modo nenhum o que ela esperava, mas, de qualquer modo, foi bastante eficaz. Após se comprometer a comparecer a dez sessões na clínica, pediram a ela que se sentasse diante de um grande espelho. Ela recebeu, então, um suprimento de barras de chocolate, e um dispositivo que transmitia continuamente um choque elétrico de baixa intensidade, completamente indolor, que foi fixado em seu pulso. Devia observar a si mesma durante trinta minutos enquanto comia o chocolate – mas em vez de engolir os pedaços, ela recebeu instruções para cuspir cada bocado em um prato de papel. No início, esse procedimento pareceu um tanto ou quanto absurdo, e durante as primeiras sete sessões não teve nenhum efeito. O vício de chocolate da jovem mulher permaneceu tão forte quanto nunca, e foi apenas por ter pago por dez sessões que ela continuou a freqüentar a clínica. Após a oitava sessão, contudo, ela começou a perceber que seu interesse por chocolate havia diminuído, e, embora parecesse incrível, sua compulsão desapareceu completamente no final da décima sessão. Vários anos se passaram e seu vício de chocolate não voltou. Lamentavelmente, ela se tornou viciada em bolo!

Meu objetivo ao contar essa história é mostrar tanto as possibilidades quanto os limites de uma abordagem puramente behaviorista ao vício da comida, e, com efeito, a qualquer tipo de vício. Essas abordagens podem certamente ser engenhosas. Elas podem até mesmo ser eficazes ao lidar com o problema em um sentido estreitamente definido. Mas o comportamento de vício está apenas sendo reprimido, e as necessidades espirituais a ele subjacentes permanecem insatisfeitas. A base do vício continua intocada, e é quase inevitável que ela encontre outro caminho através do qual possa se expressar.

A verdadeira fonte de qualquer vício, e a verdadeira oportunidade para o desenvolvimento positivo de qualquer ser humano, só é acessível através do espírito. Com relação a isso, freqüentemente cito o exemplo da pessoa que ouve a música de Beethoven tocada no rádio e depois começa a desmontar o rádio para encontrar Beethoven. Mas Beethoven não está no rádio, e o cérebro, o sistema nervoso central, o aparelho digestivo e todos os "detalhes" do corpo não são realmente "detalhes". São expressões do eu superior. São alcançáveis através da intenção sincera. E por mais entranhado que um vício pareça estar, é possível fazê-lo desaparecer diante do poder espiritual que existe dentro de você.

9

OUTRAS FONTES DE VÍCIO

Até aqui lidamos com vícios ligados a substâncias, e vimos como eles têm feito parte da história humana praticamente desde seus primórdios. A sociedade contemporânea, contudo, é um meio no qual categorias completamente diferentes de comportamento de vício passaram a existir. Vamos examinar sucintamente neste capítulo três exemplos desses vícios exclusivamente "modernos". Embora não se baseiem no abuso de substâncias e não ameacem diretamente a vida, esses padrões de comportamento têm todas as características do vício clássico. Pode ser mais difícil, contudo, reconhecer e confrontar esses vícios. O vício do trabalho, dos relacionamentos destrutivos e da televisão não envolve nenhuma atividade ilegal. Eles são viciadores no sentido de que podem ocupar uma área desproporcionalmente grande da vida de uma pessoa – ou talvez toda a vida dela.

O VÍCIO DO TRABALHO

Todo mundo conhece a palavra *workaholic* [viciado em trabalho], mas não creio que este seja um termo realmente preciso. *Workaholic* implica uma analogia entre o vício do trabalho e o vício do álcool. No entanto, os dois vícios são, na verdade, bastante diferentes um do outro.

Poderíamos, por exemplo, descrever uma pessoa que bebe demais como estando "fora de controle". O alcoólatra não consegue controlar seu comportamento com relação à bebida. À medida que o vício do álcool progride, essa falta de controle acaba por se manifestar de maneiras óbvias: tremor, quedas, acidentes de carro, dificuldade para dormir ou acordar e todos os tipos de outros indícios de que os sistemas de orientação física, intelectual e emocional da pessoa não estão funcionando adequadamente. Isso pode até ser uma espécie de meta ou estratégia inconsciente da parte de alguns alcoólatras, estratégia essa relacionada com a visão psicanalítica do alcoolismo como uma tentativa de lidar com necessidades insatisfeitas que recuam à infância. Quando o alcoólatra perde o controle, ele volta a um estado no qual é preciso que outras pessoas cuidem dele. Os outros podem ou não concordar em fazer isso, mas o alcoólatra descontrolado está pedindo, ou mesmo exigindo, ajuda nas tarefas básicas da vida.

O pessoa viciada em trabalho está fazendo algo muito diferente. Enquanto o alcoolismo pode ser freqüentemente uma maneira quase infantil de atingir as outras pessoas, trabalhar o tempo todo é uma forma de se afastar dos outros. Significa retirar-se para uma área da vida na qual é exigido o controle, e na qual a competência é altamente considerada. Debaixo do comportamento do alcoólatra pode haver uma fantasia infantil subjacente, mas a pessoa viciada em trabalho se retrata como *completamente adulto.*

A fantasia do controle que dá origem ao vício do trabalho quase sempre deriva da sensação de que outras áreas da vida estão além do controle da pessoa. Mais especificamente, as pessoas viciadas em trabalho sentem freqüentemente que não estão preparadas para lidar com as tensões dos relacionamentos familiares: "Não me atrapalhe, tenho que trabalhar" parece uma saída respeitável ou mesmo admirável. "Corte a grama", "Pague as contas", "Dê banho no cachorro", e "Não se esqueça do nosso aniversário de casamento" são frases silenciadas por "*Estou trabalhando! Isso é realmente importante!*"

Há alguns anos, estive envolvido no caso de uma menina que precisava de prolongados períodos de hospitalização e várias cirurgias importantes. No final, o tratamento foi coroado de êxito, mas ela passou muitas semanas em uma ala da pediatria onde sua única distração era caminhar pelo corredor ou ir até a sala de brinquedos da ala. Embora a menina morasse em uma cidade pequena um pouco afastada do hospital, a mãe da menina ficava todos os dias com ela e o pai pegava um avião para vê-la todos os fins de semana.

Havia outra menina em um quarto adjacente cujo pai praticamente nunca aparecia; cabia aparentemente à mãe a responsabilidade de acompanhar a filha durante o período em que esta estava hospitalizada. Este fato chamou a atenção de todas as pessoas no andar, visto que o pai da menina era um homem conhecido e poderoso na indústria de entretenimento, e suas transações multimilionárias eram relatadas pela imprensa.

Durante minhas visitas ao hospital, percebi que estava ficando cada vez mais irritado com o grande homem de negócios que não conseguia encontrar tempo para ver a própria filha. Era difícil acreditar que ele estivesse se comportando dessa maneira, e dei comigo imaginando o que eu diria a ele se algum dia o encontrasse. E um dia isso acabou acontecendo. Ele visitou a filha uma única vez, e por acaso estava presente na ocasião. Toda a raiva que sentira por ele rapidamente evaporou-se quando me vi diante dele, porque ficou claro para mim que ele estava em um estado de terror. Os símbolos do seu poder – a maneira como ele se vestia, seu telefone celular, seu relógio, seu penteado – não significavam nada no ambiente do hospital. Ali, ele era chamado a renunciar à sua importância pessoal, e, de uma certa maneira fundamental, isso o esmagava. Ele evaporou-se. Sentiu-se invisível. Quando ele partiu, a tensão existente no ar baixou visivelmente, o que, estou certo, foi altamente benéfico para sua filha.

Sempre senti que a seriedade é um estado mental bastante tóxico, e a pessoa viciada em trabalho está extremamente envolvida com a seriedade, que é importante com relação ao seu trabalho, e, por conseguinte, deve ser levada muito a sério.

Mas na verdade, todo trabalho é um recuo diante de responsabilidades que podem ser verdadeiramente mais sérias do que a pessoa viciada em trabalho deseja admitir. Se você estiver dedicando cada minuto em que está acordado ao seu trabalho, pergunte a si mesmo se isso é realmente uma necessidade, ou uma escolha. O que você talvez tivesse que fazer se seu trabalho não tivesse uma importância tão grande? Quando você se sente à vontade em outras áreas da vida, não precisa mais do refúgio que o trabalho lhe forneceu.

O VÍCIO DO SEXO

O sexo tem sido de tal modo estigmatizado e difamado em toda a história do Ocidente que devemos provavelmente ter muito cuidado ao julgar o comportamento sexual de qualquer pessoa. No entanto, não há dúvida de que algumas pessoas se tornam tão preocupadas com o sexo que isso causa dificuldades na vida delas. Podemos chamar isso de vício sexual, mas devemos permanecer conscientes da perigosa tendência de julgarmos com rigor qualquer comportamento sexual que difira do nosso. Por outro lado, não há como escapar do fato de que a conduta sexual é uma questão importante, bem como um alvo para os moralistas.

A sexualidade é um tema fascinante e extremamente complexo. No pequeno espaço que reservamos aqui ao vício sexual, vou fazer referência a duas formas de ser que parecem resultar nesse comportamento. Na primeira, existe uma condição física e emocional excessivamente estimulada da qual a pessoa busca desesperadamente se libertar. Na segunda, existe um tipo quase oposto de existência: uma paisagem achatada com uma extrema necessidade de alguma forma de excitação.

O sistema nervoso humano não consegue experimentar ao mesmo tempo a dor e o orgasmo. Como a dor, tanto física quanto emocional, está ausente no momento do clímax sexual, admite-se que quanto maior a quantidade do prazer, menor a dor. Estou mencionando isso por ter observado que muitas pessoas viciadas em sexo sentem muita dor. Freqüentemente trata-se de uma dor física, particularmente nos homens, e notei que os homens com problemas crônicos de saúde ficam preocupados com o sexo com uma freqüência desproporcional. O grande poeta Lord Byron, por exemplo, tinha o pé deformado e sentiu fortes dores durante toda sua curta vida. Segundo os padrões atuais, Byron seria definitivamente considerado viciado em sexo.

O sexo também pode demonstrar ser um escape tanto para a dor física quanto a emocional, não apenas no momento do orgasmo como também em todos os estágios de busca e sedução. Com freqüência o viciado em sexo na verdade deseja e precisa de que *gostem dele*, mas como se sente excluído dessa possibilidade, a alternativa é ser *amado*, pelo menos no sentido físico. O sexo proporciona uma espécie de tranqüilidade para as pessoas que se tornam viciadas em sexo para escapar da dor. O sistema dessas pessoas está crônica e excessivamente estimulado – na terminologia ayurvédica, Vata está gravemente desequilibrado – e o objetivo do sexo é mais amortecer o fogo interno do que despertá-lo.

Uma segunda categoria de vício sexual resulta de uma espécie de subestimulação que culmina na depressão. É preciso escapar de alguma forma de uma existência aparentemente sem objetivo, e o sexo parece fornecer esse escape. Tive certa vez um conhecido que foi capaz de acabar com seu vício sexual quando isso ficou repentinamente claro para ele. Teve um desses momentos espirituais que, na minha opinião, são praticamente uma exigência para que alguém possa se libertar dos comportamentos de vício. Esse homem havia herdado dinheiro suficiente para poder dedicar todo seu tempo à perseguição de mulheres. No entanto, ter casos que exigiam uma grande dose de engenhosidade, uma perseguição ardorosa e viagens transcontinentais. Certo dia, ele estava em um barco nas ilhas gregas procurando uma determinada mulher quando foi atingido por surpreendente realização. Pela primeira vez ele compreendeu que não era realmente a mulher que ele queria – era a intensidade, o planejamento, o *propósito* que ela dava à vida dele. Na ausência do sexo, e de tudo que o sexo necessariamente acarretava, ele realmente não fora capaz de encontrar nada mais para fazer.

O sexo pode significar tudo ou pode não significar nada. Talvez seja melhor que ele signifique algo intermediário.

O VÍCIO DA TELEVISÃO

A televisão foi inventada na década de 1920, e dez anos depois a tecnologia do veículo estava plenamente desenvolvida. Há cinqüenta anos, a televisão era capaz de fazer praticamente tudo que faz hoje, mas a Segunda Guerra Mundial retardou sua distribuição ao público. Quando a televisão finalmente se tornou amplamente disponível no final da década de 1940 e início da de 1950, ela passou a ser imensamente popular. Tão logo os aparelhos de televisão começaram a surgir nos lares americanos, importantes mudanças começaram a ter lugar no estilo de vida de milhões de pessoas. Essas transformações continuaram, e se aceleraram, até o presente.

Hoje em dia, milhões de americanos chegam a assistir à televisão oito horas por dia, mas assistir à televisão realmente satisfaz os critérios de diagnóstico do comportamento de vício? Um grande número de indícios demonstram que sim. Vimos, por exemplo, que a presença de sintomas de privação é uma das características que definem o vício, e a televisão causa claramente esses sintomas. Foram realizadas duas pesquisas nas quais algumas famílias receberam várias centenas de dólares por mês para *não* assistir à televisão, mas ambas as pesquisas tiveram que ser encerradas prematuramente porque as pessoas que participavam da pesquisa simplesmente não conseguiram suportar a privação. Outra pesquisa indica que, à semelhança do que ocorre com a heroína, os sintomas de privação no caso das pessoas que costumam assistir intensamente à televisão são extremamente graves depois de cinco a sete dias. Os sintomas incluem sentimentos de agressão, ansiedade, depressão e dificuldade em lidar com um tempo livre recém-disponível. As pessoas que conseguiram afastar os olhos da tela durante uma semana começaram a se sentir à vontade em seu novo estilo de vida.

Outro indicador do comportamento de vício é a sensação de culpa que o acompanha e que, de algum modo, parece mais alimentar o vício em vez de reprimi-lo. Em um estudo realizado sobre atividades de lazer, a televisão foi a única que evocava sentimentos de culpa. No caso das outras atividades de lazer, quanto mais elas eram empreendidas, mais prazer elas geravam, mas a televisão produzia a culpa em vez do prazer.

Muitos outros paralelos podem ser feitos entre o hábito de assistir à televisão e outros vícios. Como o vício de fumar, ele prevalece especialmente entre os pobres. À semelhança da heroína e de outros narcóticos, ele oferece um mundo de fantasia que com o tempo pode se tornar uma espécie de realidade alternativa para a pessoa que assiste à televisão. E como todos os vícios, ele deriva da ausência do prazer, da alegria e da satisfação genuínos em outras áreas da vida.

Por que as pessoas assistem à televisão durante tantas horas por dia? Pesquisas realizadas entre pessoas que assistem habitualmente à televisão produziram quatro motivações básicas: o desejo de escapar ao tédio da vida cotidiana; o desejo de ter algo sobre o que falar com as outras pessoas; o prazer de ver pessoas e eventos na tela com os quais possam comparar suas experiências pessoais; e permanecer em contato com as notícias e acontecimentos mundiais. Com a possível exceção da última, cada uma dessas razões para assistir à televisão está claramente relacionada com a solidão e as privações da vida real do viciado em televisão. Quando nossa vida encerra uma verdadeira beleza e aventura, não existe a necessidade de a dramatizarmos comparando-nos com personagens de comédias ou novelas. Mas quando só existe o tédio na nossa rotina diária, as aventuras pré-fabricadas de personagens banais fornecem uma alternativa.

Um eminente psicanalista definiu o tédio como o "desejo do desejo". Ficamos entediados quando sabemos que queremos alguma coisa, mas não sabemos exatamente o quê. Em vez de procurar uma resposta entre os programas de televisão, deveríamos aprender a reconhecer nossas verdadeiras necessidades e descobrir maneiras de satisfazê-las nas coisas que fazemos todos os dias. Isso não requer grandes somas de dinheiro, uma grande inteligência ou um talento extraordinário. Todo mundo tem habilidade de criar um prazer genuíno em sua vida: nós todos fizemos isso quando éramos crianças, e embora possamos nos ter afastado desse prazer durante muitos anos, o poder de criar a alegria sempre permanece conosco, esperando para ser redescoberto e explorado.

Uma das coisas interessantes a respeito da televisão é a maneira pela qual ela torna as coisas menores. Quase tudo que aparece na tela geralmente é sempre menor do que no mundo real. Em um certo sentido, isso é verdadeiro com relação a todos os comportamentos de vício: eles diminuem nossa experiência do mundo. Os vícios exigem tempo, dinheiro, energia intelectual e até o amor que poderia e deveria encontrar muitas outras formas de expressão. Nos capítulos restantes deste livro, vamos examinar algumas técnicas ayurvédicas destinadas a expandir sua habilidade de participar plenamente do mundo e experimentar a alegria do seu espírito individual.

TERCEIRA PARTE

RESTABELECENDO O EQUILÍBRIO

Sugeri anteriormente que o viciado é uma pessoa que busca a alegria, mas que vem procurando nos lugares errados e desviou seu rumo, talvez durante muitos anos. Exploramos algumas dessas estradas secundárias na Segunda Parte do livro. Mas tudo isso foi uma preparação para as idéias e técnicas apresentadas nas páginas que se seguem. Em outras palavras, onde quer que você possa ter estado no passado, você agora "chegou ao lugar certo"!

Apesar de suas aparentes diferenças, os tópicos que irei abordar na Terceira Parte – a meditação, o exercício, a alimentação para equilibrar Vata e atividades diárias agradáveis – são, na verdade, abordagens diferentes à mesma meta. Se eu fosse descrever essa meta com o menor número possível de palavras, eu a chamaria de *saúde perfeita.* O conceito ayurvédico de saúde perfeita se baseia na idéia de que o corpo, a mente e espírito são na verdade um só – e, por conseguinte, a saúde perfeita é alcançada quando os aspectos físico, intelectual e espiritual da nossa natureza estão trabalhando em conjunto de maneira eficaz e harmoniosamente. O objetivo do conteúdo da Parte Três, bem como o do Ayurveda como um todo, é ajudá-lo a descobrir, usar e aproveitar as ferramentas que a natureza lhe forneceu para transformar essa meta em realidade.

Os resultados que você obteve no questionário mente/corpo indicam seu dosha dominante. Em um sentido básico, é isso que você é física e emocionalmente. O ponto de equilíbrio da sua natureza foi definido quando você nasceu, e em sânscrito esse ponto é chamado de seu *prakriti*, uma palavra que literalmente significa "natureza". Mas estresses de todos os tipos podem causar desvios com relação à condição natural de harmonia do seu sistema, resultando no estado de desequilíbrio chamado *vakriti*. Embora sua natureza subjacente não tenha mudado e seu dosha dominante permaneça o mesmo, sua condição atualmente desequilibrada pode significar que outro dosha está presentemente exercendo uma forte e indevida influência. Quando o comportamento de vício já está presente há algum tempo, o dosha excessivamente influente é praticamente sempre Vata – e é importante observar que mesmo os indivíduos que são tipos Vata naturais também podem estar sujeitos a desequilíbrios de Vata. Por causa da influência desestabilizadora de Vata sobre a maioria das pessoas que tem uma história de vício, as técnicas desta seção do livro estão projetadas para acalmar o dosha Vata. Tão logo isso tenha sido alcançado e seu sistema se aproxime mais de seu estado natural de prakriti, você pode fazer outros ajustes na sua alimentação, na sua rotina de exercícios e nas suas outras práticas ayurvédicas para que elas deixem de estar especificamente voltadas para equilibrar Vata. Para aprender mais a respeito disso, sugiro que você consulte meu livro *Saúde perfeita*, ou marque uma consulta com um médico ayurvédico.

Embora todo o conteúdo da Parte Três deste livro possa ser enormemente proveitoso para lidar com o comportamento de vício, quero enfatizar a especial importância da meditação. Todos os vícios têm uma coisa em comum: seu poder depende de algo externo, algo que está lá fora no mundo, algo extrínseco ao eu individual. Pode ser um pó, um líquido ou uma máquina, mas não é algo com que você tenha nascido – você tem que encontrá-lo, comprá-lo e bebê-lo ou engoli-lo. Contrastando com isso, a meditação vem inteiramente do interior. Você já tem tudo que precisa para meditar e já tinha quando veio ao mundo. Ninguém pode vendê-lo e ninguém pode tirá-lo de você. A meditação é o oposto, a antítese do comportamento de vício, e recomendo com insistência que preste uma particular atenção ao capítulo sobre a meditação que se segue.

10

A MEDITAÇÃO

Vimos como um vício pode ser uma tentativa de servir a várias necessidades, e vimos também como essas necessidades podem ser compreendidas em função de um tipo mente/corpo individual. Uma pessoa com o dosha Vata dominante pode beber para relaxar. Para um indivíduo do tipo Pitta, beber pode proporcionar a oportunidade de testar e demonstrar o autodomínio, enquanto para uma pessoa do tipo Kapha, beber pode ser uma manifestação de depressão e afastamento das outras pessoas. A partir de uma perspectiva ayurvédica, o objetivo da meditação é bem diferente de qualquer uma dessas metas, apesar da crença difundida de que a meditação é uma maneira de relaxar. Com efeito, um dos aspectos mais admiráveis da meditação é seu poder de abranger estados mentais aparentemente diversos em uma única experiência que descrevo como *vigilância repousante.*

A palavra *repousante* provavelmente parece suficientemente clara, mas o que quer dizer *vigilância*? Vigilância com relação a quê? Para responder a essa pergunta, precisamos examinar por um momento a maneira como nossa mente opera durante nossa vida do dia a dia. Talvez a coisa mais óbvia a respeito da nossa mente seja a maneira como ela está *sempre* trabalhando. Um pensamento leva a outro em uma cadeia que se estende da manhã à noite. Memórias, desejos, aspirações com relação ao prazer, e a aversão à dor – para a maioria das pessoas nunca existe um momento internamente tranqüilo, e até mesmo a sugestão de uma parada no "fluxo da consciência" poderia parecer um tanto ou quanto assustador.

Embora a incessante atividade do pensamento seja algo com o que todos estamos familiarizados, existe uma outra experiência muito diferente que quase todas as pessoas também compartilharam, e ao compreendê-la podemos começar a entender o significado da vigilância repousante.

Neste exato momento, procure se lembrar de como é acordar de um sono profundo. Quando você abre os olhos, pode levar alguns instantes para se lembrar de onde você está. Durante um ou dois segundos, talvez nem mesmo se lembre *quem* você é. Pouco a pouco, porém, o mecanismo dos seus pensamentos e dos seus sentidos começa a se impor: sua personalidade, suas lembranças, suas obrigações para o dia, seus sentimentos com relação às diferentes pessoas da sua vida – tudo isso retoma seu lugar. Ainda assim, não há como negar que, por um momento, houve um "você" que estava de certa forma separado de você. Havia um "você" que existia puramente como observador, e que não participava dos pensamentos e sentimentos que você nutre durante o dia. Inicialmente, a meditação pode ajudá-lo a reconhecer a existência desse mágico e silencioso observador, e depois a ter acesso a ele de uma forma regular. Gradualmente, você aprenderá a usar esse estado de vigilância repousante como uma espécie de bússola interna ou ponto central, um lugar de poder a partir do qual a influência do Espírito pode se espalhar para todas as áreas da sua vida. À medida que isso começa a acontecer, a estática mental dos seus pensamentos cotidianos se tornará mais refinada transformando-se na límpida harmonia que é sua verdadeira natureza.

No decorrer dos anos, muitos estudos demonstraram os benefícios da meditação para pessoas de todas as condições e estilos de vida, desde pacientes com câncer a atletas profissionais. A técnica simples, porém poderosa, aqui apresentada pode ser extremamente proveitosa para restaurar o equilíbrio do seu sistema e para ajudá-lo a entrar em contato com seu eu superior.

MEDITAÇÃO DA RESPIRAÇÃO

Apesar do que você possa ter esperado, muitas formas de meditação não exigem um conhecimento ou instruções especiais. O método aqui apresentado nada mais requer do que uma consciência concentrada porém desapegada do processo da respiração; em outras palavras, a atitude de estar com a *mente alerta* com relação à respiração.

Se isso parece quase fácil demais, pense no que realmente acontece quando você respira. A cada inalação, seu corpo recebe dezenas de milhões de átomos, minúsculos fragmentos do universo que no decorrer dos séculos passaram através de um incontável número de outros seres humanos e continuarão a fazê-lo durante muito tempo depois de você já não estar mais na terra. Nesse sentido, respirar é literalmente um ato de compartilhamento. É um processo biológico que nos coloca em contato com o passado e o futuro da nossa espécie, bem como com todos os outros seres vivos.

Para apreciar o significado da respiração no nível da sua experiência cotidiana, considere o estreito relacionamento existente entre a maneira como você respira e o modo como se sente, tanto física quanto emocionalmente. Quando você está assustado ou exausto, o ritmo da sua respiração se acelera enquanto a qualidade de cada respiração fica mais superficial. Mas quando está relaxado, você respira profunda e regularmente, e em decorrência disso se sente ainda mais relaxado. Respirar é o elo entre os elementos biológicos e espirituais da nossa natureza. E a meditação da respiração é uma poderosa ferramenta para unir esses elementos, transformando-os em uma única totalidade de ser.

Pratique a meditação da respiração duas vezes ao dia, pela manhã e no início da noite. Cada sessão deve durar de vinte a trinta minutos. À medida que você for adquirindo mais experiência com a meditação, sua mente se aquietará e você voltará a ter acesso ao estado de vigilância repousante que precede o pensamento cotidiano. Os estresses do comportamento de vício diminuirão naturalmente porque uma nova fonte de paz, alegria e força interior foi revelada.

Meditação da respiração

1. Escolha uma hora em que você possa ficar livre de interrupções e responsabilidades.
2. Vá para um aposento tranqüilo longe do barulho do trânsito ou de outras distrações. Sente-se calmamente no chão ou em uma cadeira de espaldar reto, e feche os olhos.
3. Respire normalmente, mas comece a focalizar a atenção no ritmo da sua respiração. Sem tentar controlar ou influenciar de alguma maneira o processo, conscientize-se do ar que entra e sai do seu corpo.
4. Se você perceber que sua respiração está ficando mais rápida ou mais lenta, ou mesmo que ela pára totalmente por um momento, apenas observe o fato sem oferecer resistência ou estimulá-lo. Deixe que o ritmo normal volte por si mesmo.
5. Se seus pensamentos o distraírem, ou você perder de alguma maneira a concentração, não resista. Deixe simplesmente que sua atenção retorne naturalmente à sua respiração.
6. Prossiga com a meditação durante quinze minutos. A seguir, permaneça ainda sentado e de olhos fechados durante alguns minutos e volte pouco a pouco à consciência do dia a dia.
7. Abra lentamente os olhos e deixe seus sentidos assimilarem a cena e os sons que o cercam.

MEDITAÇÃO DO SOM PRIMORDIAL

Quando você começar a experimentar os benefícios da meditação diária, talvez tenha vontade de aprender mais a respeito de outras técnicas de meditação. Algumas formas de meditação utilizam sílabas do alfabeto sanscrítico para formar *mantras*, ou sons primordiais, que são repetidos como uma maneira de produzir uma consciência mais aguçada. Esse método é ensinado por instrutores no Chopra Center for Well Being em La Jolla, na Califórnia, bem como por outras pessoas autorizadas. Durante o treinamento, o aluno da meditação do som primordial recebe um mantra pessoal baseado em suas necessidades particulares. Maiores informações para o aprendizado dessa técnica podem ser encontradas na seção Recursos no final deste livro.

11

O EXERCÍCIO

O verdadeiro propósito do exercício é revigorar e fortalecer nosso corpo, mente e espírito. Embora para muitas pessoas o exercício assuma a forma de atividades físicas competitivas ou extremamente desgastantes, isso é claramente inadequado quando qualquer forma de vício tenha desestabilizado o sistema mente/corpo. Se as drogas, o álcool, hábitos alimentares pouco saudáveis, ou talvez uma combinação de todos eles fizeram com que você levasse um estilo de vida sedentário, você deverá começar a se exercitar de uma maneira que não faça exigências repentinas ou excessivas ao seu corpo. Inversamente, se tem obsessivamente exigido o máximo de você em seu trabalho, o exercício moderado também será extremamente proveitoso.

Pense no exercício como uma oportunidade para o *entendimento*. Ao mover o corpo, comece a ouvir e interpretar as sensações que passam através dos seus membros. O que você aprende a respeito de si mesmo, tanto física quanto emocionalmente? Se você esteve sujeito ao vício durante qualquer período de tempo, talvez descubra que está decididamente fora de forma. Também poderá se dar conta de que quer parar cedo demais ou continuar por um período de tempo excessivamente longo. Esses *insights* são tão importantes quanto qualquer coisa que o exercício possa fazer pelos seus músculos e tendões. Eles representam o início da reabertura da comunicação com seu eu físico, comunicação essa que há muito pode ter sido interrompida devido aos desequilíbrios do dosha Vata causados por qualquer tipo de vício.

DIRETRIZES GERAIS

Use os três princípios abaixo para se orientar ao começar um programa de exercícios. Mesmo depois de adquirir mais experiência, eles ainda podem ser muito úteis. Eles são diferentes da "ética de trabalho" voltada para a competição freqüentemente associada ao exercício no Ocidente, mas são fundamentais para uma visão ayurvédica de como o corpo pode ser usado para estimular o espírito.

• *Exercite-se apenas até 50 por cento da sua capacidade.* Quase todas as pessoas se preocupam com o fato de não terem se esforçado o suficiente, mas o esforço excessivo não é melhor do que a ausência do esforço. Mesmo que você não venha se exercitando ultimamente, quando você iniciar uma atividade física, você será capaz de estimar sua capacidade total com uma boa dose de precisão. Depois de nadar cinco voltas, por exemplo, você poderá sentir que poderia nadar um total de vinte se realmente tivesse que fazê-lo – de modo que deve parar ao completar a décima volta. Lembre-se de que o objetivo do exercício não é ficar exausto, e sim criar níveis mais elevados de energia e resistência. À medida que sua condição física for melhorando, seu ponto a meio do caminho do limite máximo aumentará naturalmente, de modo que o fato de você seguir esse princípio de exercitar-se até 50 por cento da sua capacidade não impedirá de modo nenhum que você atinja níveis elevados de desempenho.

• *Procure exercitar-se diariamente.* Se você não sente mais vontade de fazer exercícios – e se sente simplesmente exausto depois de se exercitar três ou quatro dias seguidos – você provavelmente vem se forçando a ultrapassar o limite de 50 por cento. Um programa de exercícios precisa ser agradável e estimulante para que possa continuar por qualquer período de tempo. Ao substituir a idéia de "nada se consegue sem esforço" por "o benefício máximo é alcançado sem um esforço excessivo", você pode obter as vantagens do exercício sem exaurir suas reservas de energia.

• *Use a respiração e a transpiração para avaliar a intensidade do exercício.* O fato de você perceber que precisa respirar pela boca enquanto está se exercitando é outra indicação de que está se esforçando demais. Resfolegar e suar intensamente significa que você está colocando um estresse excessivo sobre o corpo. Seu ritmo respiratório é um dos melhores indicadores da eficácia do exercício. Se está respirando lenta e profundamente, mas sem esforço, você está trabalhando no nível correto.

O EXERCÍCIO E OS DOSHAS

O Ayurveda ensina que cada ser humano é único, e a verdade dessa afirmação está especialmente clara no que diz respeito ao exercício. Assim como nenhuma prescrição particular de uma droga é a ideal para todo mundo, não existe nenhum programa de exercícios que seja apropriado para todas as pessoas. Não obstante, certos princípios de exercícios podem ser aplicados aos três tipos básicos mente/corpo.

De um modo geral, os indivíduos do tipo Kapha lucram com os exercícios vigorosos e relativamente intensos. Tendo em vista sua constituição freqüentemente pesada e musculosa, esses indivíduos devem se sentir livres para desafiarem a si mesmos, procurando resistir à sua tendência natural para levarem um estilo de vida sedentário. As pessoas do tipo Pitta, por outro lado, tendem a exigir demais de seu corpo. Se Pitta é seu dosha dominante, você deve se voltar para atividades relaxantes que sejam mais recreativas do que competitivas. No caso das pessoas do tipo Vata, o exercício leve é o melhor – isso é especialmente importante pois, como já vimos, os comportamentos de vício quase sempre produzem um desequilíbrio de Vata independentemente da estrutura dóshica normal do indivíduo.

As caminhadas curtas, os exercícios aeróbicos de baixa tensão e o ciclismo pouco intenso são atividades adequadas para equilibrar Vata, mas os exercícios de ioga talvez sejam os melhores. Embora muitas pessoas ainda associem a ioga a posturas vigorosas, transes e estilos de vida ascéticos, estas são concepções errôneas. Ioga significa "união" em sânscrito, e seu verdadeiro objetivo é unificar o corpo, a mente e o espírito. Os exercícios de ioga certamente são benéficos para os músculos e o sistema cardiovascular, mas também acalmam a ansiedade e ajudam a mente a se concentrar. São essas qualidades que tornam a ioga especialmente eficaz para acalmar Vata.

Como Vata está associado aos elementos do ar e do espaço, ele é acalmado pelas posturas iogue que criam um efeito "estabilizador" vergando o corpo no meio ou fazendo a cabeça descer em direção ao chão. Essas posturas devem ser executadas como uma seqüência lenta e relaxada. Como em qualquer exercício de ioga, é importante lembrar que a respiração adequada é tão importante quanto a postura em si. Procure respirar profunda e ritmicamente pelo nariz. Use a respiração para criar uma sensação de equilíbrio, calma e força interior.

POSTURAS PARA ACALMAR VATA

Ao executar os exercícios, lembre-se de relaxar e assumir as posturas sem fazer esforço. Não sinta que você tem que executar cada uma delas com perfeição. Estenda simplesmente o corpo até sentir uma suave pressão. Com a prática, você se tornará naturalmente mais flexível.

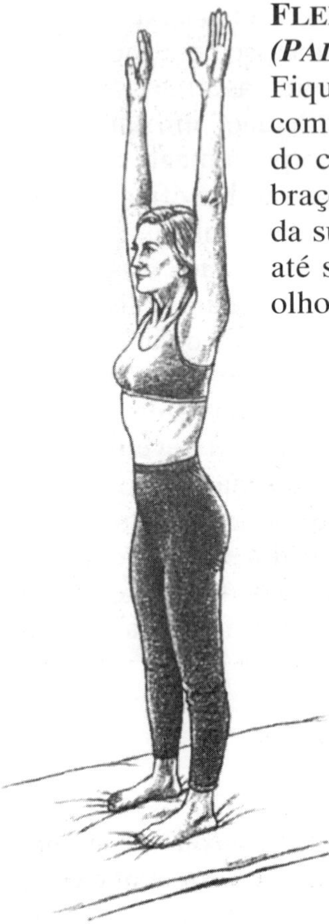

Flexão para a Frente (*Padahastasana*)

Fique de pé em uma posição relaxada com os braços confortavelmente ao longo do corpo. Ao inalar, erga lentamente os braços até que estejam estendidos acima da sua cabeça. Incline a cabeça para trás até sentir uma leve distensão, e erga os olhos.

Mantendo os cotovelos retos e as mãos estendidas, curve-se para a frente na cintura e tente tocar o chão na frente dos dedos dos pés. Estenda-se somente até onde você conseguir fazê-lo sem esforço, e não se sinta na obrigação de manter os joelhos retos. Permaneça flexionado na cintura enquanto conta de um a cinco, e depois volte à posição ereta ao mesmo tempo em que inspira profundamente. Repita de 3 a 5 vezes o exercício.

POSTURA DO RAIO (*VAJRASANA*)

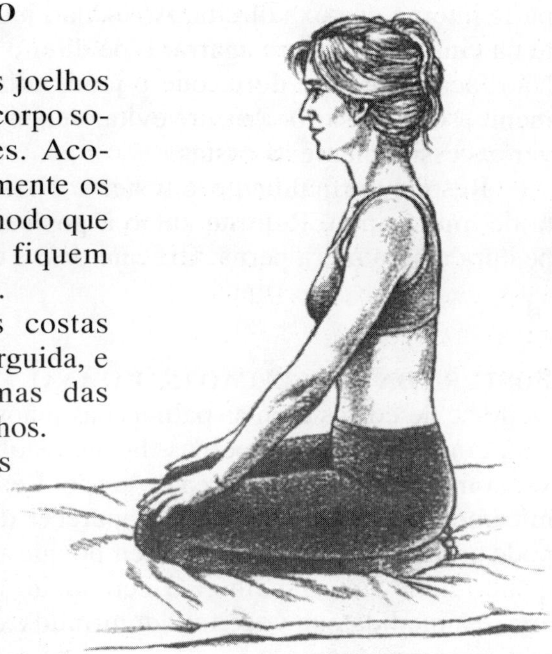

Ajoelhe-se com os joelhos juntos e o peso do corpo sobre os calcanhares. Acomode confortavelmente os dedos dos pés de modo que as solas dos pés fiquem voltadas para cima.

Mantenha as costas eretas e a cabeça erguida, e descanse as palmas das mãos sobre os joelhos.

Feche os olhos e respire profunda e uniformemente. Deixe a mente ficar desobstruída. Sustente a posição pelo menos durante 30 segundos, ou enquanto você se sentir à vontade.

POSTURA DA CABEÇA NO JOELHO (*JANU SIRSASANA*)

Sente-se no chão com as pernas estendidas à sua frente. Dobre o joelho esquerdo e coloque a sola do pé esquerdo contra a

parte interna da coxa direita. Ao exalar, incline-se para a frente na cintura e procure agarrar o pé direito com as duas mãos. Não faça esforço, e deixe que o joelho direito se curve levemente, se necessário. Procure evitar deixar cair o peito ou curvar excessivamente as costas.

Respire normalmente, e sustente a posição enquanto conta de um a cinco. Retorne então à posição sentada, e faça a postura com a outra perna. Execute de 3 a 5 vezes.

POSTURA DA PERCEPÇÃO (*SAVASANA*)
Deite-se de costas com as palmas das mãos abertas e voltadas para cima, ao lado das pernas. Feche os olhos e procure relaxar completamente cada área do corpo. Respire profunda e ritmicamente, e sinta a tensão desaparecer dos músculos. Você pode praticar essa postura pelo tempo que achar conveniente – quanto mais tempo melhor. O verdadeiro relaxamento é uma arte, e à medida que você for adquirindo experiência, se sentirá mais competente.

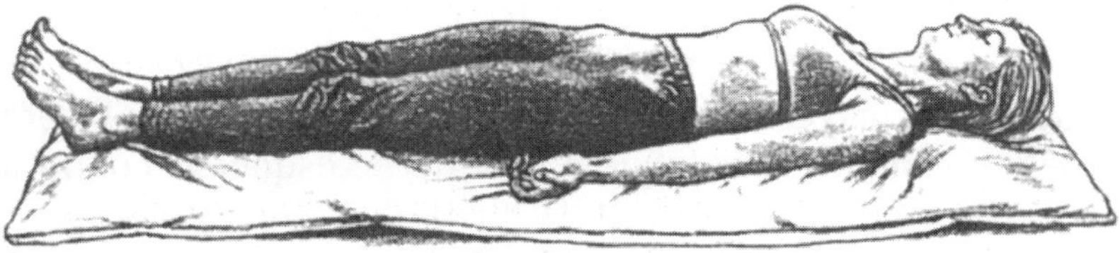

EXERCÍCIOS RESPIRATÓRIOS

Respirar é um processo de conexão íntima com o universo. A cada respiração, você troca bilhões de átomos com o ambiente que o cerca. Seu sistema mente/corpo recebe nutrição e os resíduos são eliminados. Os dois exercícios apresentados aqui podem ajudá-lo a usar a respiração para acalmar um desequilíbrio de Vata. Faça-os quando estiver preocupado ou aborrecido, ou para serenar sua mente antes de dormir.

RESPIRAÇÃO ALTERNADA (*NADI SHODHANA*)

- Sente-se confortavelmente em uma cadeira de espaldar reto com os pés plantados no chão. Coloque o polegar da mão direita na narina direita e os dois dedos médios na narina esquerda.
- Feche suavemente a narina direita com o polegar enquanto *expira* lentamente pela narina esquerda. Agora *inspire* suavemente pela narina esquerda.
- Feche a narina esquerda com os dedos anular e médio e *expire* lentamente pela narina direita. Inspire depois suavemente pela narina direita.
- Mais uma vez, feche a narina direita com o polegar ao mesmo tempo em que expira lentamente pela narina esquerda. Inspire a seguir suavemente pela narina esquerda.
- Feche a narina esquerda com os dedos anular e médio, e *expire* pela narina direita. Inspire a seguir suavemente pela narina direita.
- Execute três ciclos completos deste exercício com cada narina durante um período de 4 a 5 minutos.

MAMANGABA *(BHRIMARI)*

- Sente-se em uma cadeira confortável com as costas retas e os pés plantados no chão. *Inspire* profundamente, e, enquanto *expira* pelo nariz faça na garganta um zumbido surdo e profundo.
- Quando acabar de expirar, *inspire* novamente e repita o zumbido enquanto *expira.*
- Execute cinco ciclos deste exercício durante um período de 2 a 3 minutos.

12

DIETA PARA EQUILIBRAR VATA

Nos primeiros estágios de recuperação dos comportamentos de vício, uma dieta que equilibre o dosha Vata é extremamente importante. As recomendações que se seguem têm em mente esse objetivo.

1. *Prefira* alimentos quentes, pesados e oleosos. *Minimize* os alimentos frios, secos e leves.
2. *Prefira* os alimentos doces, ácidos e salgados. *Minimize* os alimentos temperados, amargos e adstringentes.
3. Coma quantidades maiores, mas não mais do que você possa digerir facilmente.

ALGUMAS RECOMENDAÇÕES ESPECÍFICAS

- **Laticínios.** Todos os produtos de laticínio acalmam Vata.
- **Adoçantes.** Todos os adoçantes são bons (quando usados com moderação) para acalmar Vata.
- **Óleos.** Todos os óleos reduzem Vata.
- **Cereais.** O arroz e o trigo são muito bons. *Diminua* a ingestão de cevada, milho, painço, trigo-sarraceno, centeio e aveia.
- **Frutas.** Dê preferência às frutas doces, ácidas ou pesadas, como laranja, banana, abacate, uva, cereja, pêssego, melão, morango e outras frutas silvestres, ameixa, abacaxi, manga e mamão. *Reduza* as frutas leves ou adstringentes, como maçã, pêra, romã, oxicoco e as frutas secas.

- **Legumes e verduras.** O pepino, a cenoura, o aspargo e a batata doce são adequados. Esses alimentos devem ser ingeridos cozidos. Os seguintes legumes e verduras são aceitáveis em quantidades moderadas se forem cozidos, especialmente com ghee ou óleo, e temperos redutores de Vata: ervilha, brócolis, couve-flor, aipo, abobrinha e folhas verdes em geral. É melhor evitar os brotos e o repolho.
- **Temperos.** Cardamomo, cominho, gengibre, canela, sal, cravo, semente de mostarda e pequenas quantidades de pimenta-do-reino são aceitáveis.
- **Nozes.** Todas as nozes são adequadas.
- **Feijões.** *Reduza* o consumo de feijões, com exceção do tofu e sopa de munguba partida.
- **Carne e peixe** (para os não vegetarianos)**.** Frango, peru, peixe e frutos do mar são aceitáveis. A carne de vaca deve ser evitada.

13

ALEGRIA – A VERDADEIRA RESPOSTA

Poderia parecer que a psicologia e a biologia dos comportamentos de vício foram investigadas a partir de todos os ângulos possíveis. Grande parte deste trabalho foi extremamente proveitoso, porém, no entanto, o fenômeno do vício ainda está presente entre nós em todas as suas formas, e até mesmo crescendo em muitos segmentos da população. Certamente não sou o primeiro a sugerir que uma abordagem com uma base espiritual, aliada a informações científicas atualizadas, oferece a melhor oportunidade para que possamos lidar com o vício de uma maneira satisfatória. Já mencionei meu respeito pelo programa de doze passos criado pelos Alcoólicos Anônimos e por outras organizações, e agora, para encerrar, gostaria de oferecer meus doze pontos para a substituição do comportamento de vício pela verdadeira alegria de viver.

Na Primeira Parte deste livro, estabeleci uma distinção entre a felicidade e a alegria. Descrevi a felicidade como um sentimento que é desencadeado por uma experiência externa, como achar dinheiro no chão, enquanto a alegria se origina essencialmente do interior. A alegria é uma volta à profunda harmonia do corpo, mente e espírito que foi sua quando você nasceu e que pode ser sua novamente. Tão logo ela tenha sido recuperada, não é mais preciso comprar, esconder, injetar, inalar, desligar ou ligar estimulantes, calmantes ou qualquer outra coisa. Você não precisou de nenhuma dessas coisas na infância, quando um dia de sol e o amor da sua família bastavam para enchê-lo de alegria. Essa abertura para o amor, essa capacidade de alcançar a totalidade com o mundo que o cerca, ainda reside dentro de você. Se o vício tem sido por algum tempo parte da sua vida, talvez você sinta que é impossível recuperar seu eu anterior ao vício. Mas isso *é* possível. Com efeito, é inevitável, quando você se livra da culpa e das recriminações e começa a trazer experiências alegres para sua vida. As sugestões abaixo têm a intenção de ajudá-lo a fazer isso.

Como não quero que essas sugestões pareçam de algum modo uma lista de mandamentos gravados na pedra, eu as fiz em forma de perguntas. Observe que nenhuma dessas perguntas faz alguma referência ao vício, e que tampouco alguma coisa é dita a respeito de que você deva se abster ou evitar a substância ou o comportamento viciador. Elas tratam simplesmente de coisas que você pode fazer para se abrir à saúde, à alegria, e, de fato, à própria vida.

Recomendo com insistência que leia de vez em quando esta lista, de preferência no final do dia. Se você foi capaz de se dedicar a uma dessas atividades, como se sentiu? Se você não pôde fazer nenhuma delas hoje, existe alguma maneira de achar uma oportunidade de fazer isso amanhã?

1. *Você teve o número adequado de horas de sono ontem à noite?* Algumas pessoas precisam dormir mais do que outras, e o número de horas que é melhor para você depende da sua idade, do seu tipo mente/corpo e de muitos outros fatores. Mas as pesquisas demonstraram que tanto o excesso de sono quanto a insônia são sinais de depressão – e é claro que muitas pessoas viciadas se sentem compreensivelmente deprimidas. Se você estiver dormindo mais de dez horas por noite, ou menos de seis, esta é provavelmente uma área na qual pode fazer alguns ajustes positivos. Você poderá obter maiores informações sobre o sono e seus benefícios consultando meu livro *Sono tranqüilo,* que também faz parte da série Biblioteca da Saúde Perfeita.

2. *Você começou o dia com atividades gratificantes que fortaleceram seu corpo e seu espírito?* As primeiras horas são

fundamentais para determinar seu estado mental durante o dia. Se possível, procure acordar sem usar um despertador, mas se isso for indispensável, use um rádio-relógio sintonizado em uma estação que toque música suave. Não sinta que você tem que escutar as notícias ou ligar a televisão logo que acordar. Freqüentemente ouvirá notícias negativas que podem fazer com que você comece o dia com o pé esquerdo. O Ayurveda ensina que o café da manhã, quando tomado, deve ser leve, mas se realmente aprecia uma grande refeição nesse horário, é melhor fazer o que tem vontade do que começar o dia com uma privação estressante. O início da manhã, é claro, é um excelente momento para meditar, e à medida que isso for se tornando parte da sua vida, você começará naturalmente a preferir fazer refeições mais leves pela manhã.

3. *Você sentiu um verdadeiro prazer com seu trabalho?* A falta de satisfação no trabalho é uma das causas mais freqüentemente citadas da depressão que dão origem ao comportamento de vício. Se você acha que seu trabalho não é gratificante, quaisquer benefícios financeiros que possa estar recebendo dificilmente poderão compensar o dano que está sendo feito ao prazer global que você extrai da vida. Diz-se que o gênio é aquele capaz de inventar a própria ocupação, e não existe nenhuma dúvida de que o trabalho deve ser uma oportunidade para a criatividade e o crescimento. Mesmo que você não possa fazer mudanças radicais em sua carreira neste momento, procure áreas fora do seu emprego atual que possa desenvolver com o tempo. Estou feliz por ter sido capaz de fazer isso escrevendo, embora durante muitos anos eu também tenha exercido a profissão médica em tempo integral.

4. *Se você ficou zangado com alguém ou alguma coisa, foi capaz de expressar esse sentimento de uma maneira construtiva?* Freqüentemente é prejudicial expressar a raiva repentina e emocionalmente, mas também é um erro simplesmente sustentá-la e deixar os sentimentos destrutivos apodrecerem dentro de você. De acordo com o Ayurveda, a raiva deve ser

"digerida" como qualquer outra coisa que tenha entrado no corpo. Um fator chave desse processo é reconhecer que a raiva é criada por você e não por qualquer coisa que outra pessoa possa dizer ou fazer. Não importa o que aconteça, a escolha de como reagir é sempre sua. Tão logo você aprenda a exercer essa escolha, terá a habilidade de processar completamente a raiva da mesma maneira como seu corpo processa a comida e a bebida. Depois que essa digestão emocional tem lugar, você pode expressar seus sentimentos para os outros sem fazer mal a si mesmo ou a eles.

5. *Você foi capaz de vivenciar hoje a natureza com consciência e apreciação?* O Ayurveda ensina que existe uma força vital universal, chamada *prana* em sânscrito, da qual todas as coisas vivas extraem energia. Os alimentos saudáveis são uma fonte de prana, mas a comida não é de modo nenhum a única fonte, ou mesmo a mais importante. Mesmo que você viva e trabalhe em uma área urbana, pode permanecer em contato com a natureza através do contato com as plantas e as flores, caminhando por um parque ou perto de um lago ou uma cachoeira sempre que houver tempo, ou até simplesmente, tomando um pouco de sol todos os dias. O simples ato de plantar uma semente em um vaso, por exemplo, regá-la diligentemente e observar carinhosamente o crescimento da flor, pode fazer com que você tenha uma experiência genuinamente rica da natureza. O nível de atenção e consciência que você dedica a essas atividades que estimulam o prana é, na verdade, muito mais importante do que a atividade em si.

6. *Você tem tido tempo para se exercitar ou se dedicar a atividades agradáveis?* No decorrer dos últimos vinte anos, um grupo de pesquisadores demonstrou que uma categoria de hormônios conhecida como endorfinas pode exercer um efeito altamente benéfico tanto física quanto emocionalmente. O exercício é uma das maneiras mais eficazes de estimular o cérebro a produzir endorfinas, e isso é responsável pelo "pique do corredor" familiar para muitos atletas. Mas você não preci-

sa se envolver em atividades vigorosas para obter esses benefícios. As posturas iogue descritas no Capítulo 11 se destinam a ativar os centros de energia do corpo, que o Ayurveda chama de pontos *marma*. Esses pontos são as bases para a estimulação da energia a partir do interior. Além disso, a ioga não requer nem o tempo nem o investimento financeiro que outras formas de exercício exigem. Mesmo que você só possa dispor de alguns minutos por dia, a ioga pode proporcionar muitos dos benefícios da meditação ao mesmo tempo em que fortalece seu corpo. A melhora da sua condição física fará com que você se sinta muito menos inclinado a praticar atividades autodestrutivas.

7. *Você conseguiu passar algum tempo consigo mesmo?* A presença das múltiplas formas de "estática" é característica da vida moderna, e ela pode provocar intensamente a ansiedade. A habilidade de entrar e desfrutar o silêncio é o antídoto para a estática, e obter acesso aos espaços silenciosos entre seus pensamentos é o verdadeiro objetivo da meditação ayurvédica. A pequena dose de autodisciplina que a meditação exige será mais do que restituída pela rica experiência da vigilância repousante, a qual, paradoxalmente, é ao mesmo tempo calmante e estimulante. Estou convencido de que a meditação é a técnica mais eficaz para acabar com qualquer forma de vício, aliás, a única.

8. *Você riu hoje com verdadeiro prazer?* Existem muitos tipos de riso, assim como existem vários tipos de discurso. Em resultado do estresse ou da raiva, muitas pessoas se esquecem de como é rir com verdadeira alegria, e uma grande dose do humor de hoje se baseia em afrontas ou em observar as desgraças dos outros. O riso insensível pode ser extremamente destrutivo, mas o riso repleto de calor e alegria possui a qualidade quase mágica de curar tanto a dor física quanto a emocional. Tente se lembrar de algumas coisas que realmente o fizeram rir entusiasticamente em uma ou outra ocasião; você talvez até sinta prazer em registrá-las por escrito. Quais foram,

por exemplo, os três incidentes mais engraçados que você já viu? Esses são momentos a serem guardados com carinho, e você deve procurar pensar neles sempre que se sentir dominado por sentimentos negativos. O riso pode verdadeiramente ser um vício positivo, e sua presença pode ofuscar o impulso em direção a outros comportamentos de vício.

9. *Se você se sentiu cansado ou estressado, você conseguiu descansar um pouco?* Quase todas as pessoas se sentem como se nunca tivessem tempo suficiente, mas é claro que ninguém tem mais tempo do que os outros. Ao lidar com o desequilíbrio de Vata que é comumente causado pelo vício, você precisa honrar a necessidade de descansar em meio ao que possam parecer situações impossíveis. O Ayurveda ensina que certos períodos do dia são naturalmente adequados ao relaxamento. Esses períodos são dominados por Kapha, o mais calmo e mais estável dos doshas, e eles ocorrem entre as seis e as dez horas, tanto da manhã quanto da noite. Se possível, use esses períodos como segmentos calmos e tranqüilos do dia. Os períodos Kapha são ideais para a meditação, mas mesmo depois da meditação é extremamente benéfico permanecer tranqüilo durante esses períodos da manhã e da noite. O mundo não vai desmoronar se você simplesmente se comportar calmamente durante algum tempo. Com efeito, as coisas parecerão correr muito mais tranqüilas durante o resto do dia.

10. *Você fez suas refeições em um ambiente tranqüilo, na companhia de pessoas de que você gosta?* De acordo com o Ayurveda, os alimentos que fazem parte de uma refeição são menos importantes do que as emoções que a acompanham. Até mesmo as emoções das pessoas que prepararam a comida são muito importantes. Embora tenhamos nos acostumado à idéia da "fast food" e de tudo que isso implica, a capacidade de desfrutar realmente a comida é absolutamente fundamental para podermos aproveitar genuinamente a vida. E enquanto você não for capaz de aproveitar genuinamente a vida, o vício e outros comportamentos autodestrutivos podem continuar a

ser um problema. Procure fazer pelo menos de uma das refeições do dia uma ocasião verdadeiramente agradável e sossegada. Se possível, o Ayurveda recomenda que ela seja a refeição do meio do dia.

11. *Você demonstrou sentir amor por seus amigos e membros da família?* É possível demonstrar amor de muitas maneiras. Os seres humanos percebem melhor a afeição através dos sentido do tato, e o contato físico é claramente uma maneira maravilhosa de expressar o amor. Falar, escutar, compartilhar uma refeição, caminhar junto com outras pessoas à noite, ouvir música com pessoas de quem você gosta, também são algumas das inúmeras maneiras de mostrar afeição, mas é extremamente fácil perdê-las de vista diante das pressões da vida contemporânea. Você não pode programar a afeição da maneira como pode determinar períodos para meditar ou fazer exercício, mas pode permanecer consciente do seu amor pelas pessoas que estão próximas a você, e pode descobrir uma maneira de expressar esses sentimentos em qualquer ocasião, espontânea e alegremente. Não existe na vida nada mais saudável ou importante do que isso.

12. *Você recebeu de volta, livre e alegremente, o amor dessas pessoas?* Logo que você perceber que é amado por muitas pessoas – que sua existência é uma manifestação de amor – você ficará livre da necessidade do vício. O amor é o maior tesouro. Comparado com o amor, nenhuma substância viciadora tem qualquer poder.

Os tópicos que analisei neste livro são apenas alguns dos vícios mais comuns encontrados nos Estados Unidos de hoje. Também existem pessoas viciadas em fazer compras, contrair dívidas, dirigir em alta velocidade, colecionar coisas e centenas de outros comportamentos. Certas pessoas são até viciadas em cirurgias. Dizem que vivemos em uma sociedade de vício – que somos viciados no vício – e talvez essa declaração encerre alguma verdade. Na medida em que o vício representa uma busca de realização em áreas que a verdadeira realização jamais pode ser encontrada, creio que o vício é uma característica que define a vida contemporânea. No entanto, também acredito que nossa orientação determinadamente materialista está agora começando a evoluir em direção a um verdadeiro reconhecimento de valores espirituais. Essa mudança, mais do que qualquer modificação das leis ou penalidades, representa a melhor esperança para reduzir ou eliminar o problema do vício. Se sua vida foi prejudicada pelo comportamento de vício, o fato de você estar lendo este livro sugere que você está participando da importante mudança de perspectiva que está tendo lugar hoje em dia, que se afasta dos prazeres ilusórios dos estimulantes e das substâncias químicas, e avança em direção à alegria interior – o genuíno *êxtase* – que é encontrado no seu eu espiritual.

A partir de agora, sinta orgulho da sua intenção sincera, e comece a desfrutar as infinitas possibilidades contidas em cada momento da sua vida.

BIBLIOGRAFIA

CHOPRA, Deepak. *Unconditional Life: Mastering the Forces That Shape Personal Reality*. Nova York: Bantam Books, 1991.

____________. *Perfect Health*. Nova York: Harmony Books, 1991.

CONDRY, John C. *The Psychology of Television*. Hillsdale, N.J.: L. Erlbaum Associates, 1989.

Diagnostic and Statistical Manual of Mental Disorders, Fourth Edition. Washington D.C.: American Psychiatric Association, 1994.

DOWEIKO, Harold E. *Concepts of Chemical Dependency*. Pacific Grove, Calif.: Brooks/Cole Publishing Company, 1996.

FRAWLEY, David, O.M.D. *Ayurvedic Healing: A Comprehensive Guide*. Salt Lake City: Passage Press, 1989.

GELERNTER, David. *1939: The Lost World of the Fair*. Nova York: Avon Books, 1995

JOHNSON, Robert A. *Ecstasy: Understanding the Psychology of Joy*. San Francisco: HarperCollins, 1987.

LUDWIG, Arnold M., M.D. *Understanding the Alcoholic's Mind*. Nova York: Oxford University Press, 1988.

MILKMAN, Harvey, e Sunderwerth, Stanley. *Craving for Ecstasy: The Consciousness and Chemistry of Escape*. Nova York: Lexington Books, 1987.

PHILLIPS, Adam. *On Kissing, Tickling and Being Bored: Psychoanalytic Essays on the Unexamined Life*. Cambridge: Harvard University Press, 1993.

REGIS, Edward. *Who Got Einstein's Office?: Eccentricity and Genius at the Institute for Advanced Study*. Reading, Mass.: Addison-Wesley, 1987.

SZASZ, Thomas. *Ceremonial Chemistry*. Garden City, N.Y.: Anchor/Doubleday, 1974.

WEIL, Andrew, e Rosen, Winifred. *From Chocolate to Morphine: Everything You Need to Know About Mind-Altering Drugs*. Boston: Houghton Mifflin, 1983.

RECURSOS

Maiores informações sobre tratamentos Mente/Corpo e Ayurvédicos, produtos, ervas e programas educacionais podem ser obtidas junto às seguintes organizações:

Infinite Possibilities International
P.O. Box 1088
Sudbury, MA 01776
(800) 858-1808 ou (508) 440-8400

The Chopra Center for Well Being
7630 Fay Avenue
La Jolla, CA 92037
888-4-CHOPRA ou (619) 551-7788

Ayurvedic Institute
1311 Menaul N.E., Suite A
Albuquerque, NM 87112
(505) 291-9698

American Institute of Vedic Studies
P.O. Box 8357
Santa Fe, NM 87504

American School of Ayurvedic Science
10025 NE 4th Street
Bellevue, WA 98004

Maharishi Ayurved Products
Colorado Springs, CO
(800) 255-8332

Deepak Chopra e Infinite Possibilities International oferecem uma vasta gama de seminários, produtos e programas educacionais. Informações adicionais podem ser obtidas nos seguintes telefones e endereço: Infinite Possibilities International, 60 Union Avenue, Sudbury, MA 01776, U.S.A. 1-800-858-1808 (ligação gratuita) / (508) 440-8400. Informações sobre tratamentos médicos e programas relacionados com a saúde podem ser obtidas nos seguintes telefones e endereço: The Chopra Center for Well Being, 7630 Fay Avenue, La Jolla, CA 92037, U.S.A. 1-888-424-6772 (ligação gratuita) / (619) 551-7788.

COLEÇÃO ARCO DO TEMPO
Consultoria de Alzira M. Cohen

MEDITAÇÃO — Pam e Gordon Smith
VOLTA AO LAR — John Bradshaw
QUÍRON E A JORNADA EM BUSCA DA CURA — Melanie Reinhart
PAZ A CADA PASSO — Thich Nhat Hanh
O NOVO DESPERTAR DA DEUSA — org. Shirley Nicholson, vários autores
AS PLANTAS E SUA MAGIA — Jacques Brosse
ANJOS E EXTRATERRESTRES — Keith Thompson
A MENTE HOLOTRÓPICA — Stanislav Grof
MULHERES QUE CORREM COM OS LOBOS — Clarissa Pinkola Estés
AS CARTAS DO CAMINHO SAGRADO — Jamie Sams
PLANETAS DE SOMBRA E DE LUZ — Irène Andrieu
JOGOS EXTREMOS DO ESPÍRITO — Muniz Sodré
MÍSTICA E ESPIRITUALIDADE — Leonardo Boff e Frei Betto
CORPO SEM IDADE, MENTE SEM FRONTEIRAS — Deepak Chopra
AS VIDAS DE CHICO XAVIER — Marcel Souto Maior
O LIVRO DO PERDÃO — Robin Casarjian
MENSAGEM DO OUTRO LADO DO MUNDO — Marlo Morgan
UM MUNDO ESPERANDO PARA NASCER — M. Scott Peck
O VALOR DA MULHER — Marianne Williamson
A CURA E A MENTE — Bill Moyers
RUMO AO PONTO ÔMEGA — Kenneth Ring
CURA ESPONTÂNEA — Andrew Weil
DONS DA GRAÇA — Lone Jensen
A CRIAÇÃO DO AMOR — John Bradshaw
SEDE DE PLENITUDE — Christina Grof
O CAMINHO DO MAGO — Deepak Chopra
PORTAIS SECRETOS — Nilton Bonder
REIKI — Brigitte Müller & Horst H. Günther
VIVENDO BUDA, VIVENDO CRISTO — Thich Nhat Hanh
MILAGRES DO DIA A DIA — David Spangler
A SABEDORIA DO PAPA — Matthew E. Bunson (compilação)
CESTAS SAGRADAS — Phil Jackson & Hugh Delehanty
ESPERANÇA DIANTE DA MORTE — Christine Longaker
SAÚDE IDEAL EM 8 SEMANAS — Andrew Weil
O ESPÍRITO DE TONY DE MELLO — John Callanan, S. J.
DIGESTÃO PERFEITA — Deepak Chopra
ENERGIA ILIMITADA — Deepak Chopra
DOMINANDO O VÍCIO — Deepak Chopra
SONO TRANQÜILO — Deepak Chopra
PESO PERFEITO — Deepak Chopra

Este livro foi composto pela
Art Line Produções Gráficas Ltda.
Rua Visconde de Inhaúma, 64 - Centro - RJ
e impresso na Editora JPA Ltda.
Av. Brasil, 10.600 - Rio de Janeiro - RJ
em junho de 1998,
para a Editora Rocco Ltda.